知识产权产品资本测度手册

经济合作与发展组织(OECD) 编
中国科学技术发展战略研究院 译

科学技术文献出版社
SCIENTIFIC AND TECHNICAL DOCUMENTATION PRESS
·北京·

图书在版编目（CIP）数据

知识产权产品资本测度手册 / 经济合作与发展组织（OECD）编；中国科学技术发展战略研究院译. —北京：科学技术文献出版社，2016.12
书名原文：Handbook on Deriving Capital Measures of Intellectual Property Products
ISBN 978-7-5189-2291-8

Ⅰ.①知… Ⅱ.①经…②中… Ⅲ.①知识产权—知识产品—资本—测度（数学）—手册 Ⅳ.①F062.3-62

中国版本图书馆CIP数据核字（2017）第006766号

著作权合同登记号　图字：01-2016-4898
中文简体字版权专有归科学技术文献出版社所有
原作由OECD出版英文版，书名为：
Handbook on Deriving Capital Measures of Intellectual Property Products
©2010 OECD
版权所有
©2015 中国科学技术发展战略研究院出版该中文版。
中文版的翻译质量及其与原文的一致性由译者负责。原文与译文之间的任何差异，都以原文的内容为准。

知识产权产品资本测度手册

策划编辑：李 蕊　责任编辑：李 晴　戴 妍　责任校对：张吲哚　责任出版：张志平

出　版　者	科学技术文献出版社
地　　　址	北京市复兴路15号　　邮编　100038
编　务　部	（010）58882938，58882087（传真）
发　行　部	（010）58882868，58882874（传真）
邮　购　部	（010）58882873
官方网址	www.stdp.com.cn
发　行　者	科学技术文献出版社发行　全国各地新华书店经销
印　刷　者	北京时尚印佳彩色印刷有限公司
版　　　次	2016年12月第1版　2016年12月第1次印刷
开　　　本	710×1000　1/16
字　　　数	188千
印　　　张	15
书　　　号	ISBN 978-7-5189-2291-8
定　　　价	70.00元

版权所有　违法必究

购买本社图书，凡字迹不清、缺页、倒页、脱页者，本社发行部负责调换

译者名单

主译： 朱发仓

译者： 朱发仓　玄兆辉　朱迎春
　　　　刘辉锋　陈　钰　孙云杰
　　　　谢荣艳　英　英　贾艳艳

统校： 玄兆辉

经济合作与发展组织

经济合作与发展组织（简称经合组织，即 OECD）是由 30 多个国家政府共同组成的独特组织，致力于应对全球化带来的经济、社会和环境等方面的挑战。经合组织也致力于了解和帮助成员国政府应对新的发展和问题，如公司治理、信息经济及人口老龄化的挑战等。经合组织还为成员国政府提供了一个平台，供各国政府比较政策经验、寻求常见问题的解决方案、确定协调国内和国际政策较好的工作实践方案。

经合组织成员国有：澳大利亚、奥地利、比利时、加拿大、捷克共和国、丹麦、芬兰、法国、德国、希腊、匈牙利、冰岛、爱尔兰、意大利、日本、韩国、卢森堡、墨西哥、荷兰、新西兰、挪威、波兰、葡萄牙、斯洛伐克共和国、西班牙、瑞典、瑞士、土耳其、英国和美国。欧盟委员会参与经合组织的工作。

经合组织出版物涵盖了本组织关于经济、社会、环境问题的数据收集和研究成果，以及经其成员国达成一致的协定、指南和标准。

前 言

最新的国民经济核算体系（即 2008 版 SNA）中第一次明确提出研发（R&D）支出应记录为固定资本形成。这是对 1993 版 SNA 的自然延伸，2008 版 SNA 建议把软件和数据库、矿藏勘探与评估、娱乐、艺术和文学原件也记录为资本形成。因为，这些产品有一个共同的特征，即它们的价值反映了嵌入其中的知识产权的价值，这也是将其统一视为知识产权产品（IPPs）的原因。不过它们还有另外一个重要的特征，即它们的价值不能被直接测度，并且由于缺乏明确的操作指南，因此，各国估计的价值极有可能不具有可比性。

我们从 1993 版 SNA 的实施中得到最重要的一条经验是，由于各国对软件资本化方式的显著差异，影响了经济活动的跨国可比性。鉴于此，经合组织和欧盟统计局软件领域联合工作组成立，该工作组主要对所有国家的软件测度现状进行调查，并就如何在现价和物量的基础上估计软件存量及流量提出可操作的建议。

把 R&D 确认为资本形成也必然会让统计机构面临相似的挑战，而且存在很高的不确定性风险，即由于没有明确的、实用的、被广泛认同的指导方针，因此，国际可比性很可能再次受到影响。

经合组织成立了致力于测度非金融资产的工作组，即堪培拉 II 组，针对修订 1993 版 SNA 时遇到的非金融资产有关问题进行调查。经过长期而详细的调查，工作组研究总结认为资本化 R&D 在概念上是令人满意的，并且在各国实践上是可行且可比的。随后，2007 年联合国统计委员会确认 R&D 支出应作为固定资本形成，也同意了 2008 版 SNA 中关于知识产权产品的其他修改方案，成立了经合组织专门工作小组研究制定测度 R&D 和其他

知识产权产品资本测度手册

知识产权产品的实践指导方针。本手册便反映了这个工作小组的研究成就。

在编写本手册的过程中,所有欧盟国家和大多数经合组织国家都已经开始或即将开始开发本国的 R&D 卫星账户。绝大多数国家的目的在于,开发和评估长期的 R&D 资本数据,以决定是否把 R&D 资本引入国民经济核算核心账户。本手册旨在促进各国实现这些目标,尽可能缩小各国建立 R&D 卫星账户的成本,同时尽可能最大化各国之间数据的可比性,认识到知识产权产品的共性(包括测度中的难点)。本手册中不仅仅为测度 R&D 提供了指导方针,而且为 SNA 中确认的所有知识产权产品的测度提供了指导方针。

这本手册是经合组织的 R&D 和其他知识产权产品工作组的成果。工作组负责人是美国经济分析局官员 Brent Moulton,经合组织秘书长 Charles Aspden(2008)和 Nadim Ahmad(2009)。Charles 负责对多种草案进行校对,Nadim 进行最终校对。

矿藏勘探与评估章节主要以澳大利亚统计局提交的一份研究为基础,软件和数据库章节主要以 2001 年经合组织软件工作组的研究报告为基础,娱乐、文学和艺术原件章节主要以 2003 年欧盟工作组递交给欧盟国民收入委员会的报告为基础。

感谢国家科技指标专家组(NESTI)的所有成员,感谢他们为工作组提供的宝贵反馈信息;感谢工作组的其他成员:Conrad Barber Dueck(加拿大),Michel Braibant, Sylvie le Laidier(法国),Walther Adler, Erich Oltmanns, Stefan Pierdzioch, Oda Schmalwasser(德国),Shimon Arieli, Soli Peleg(以色列),Massimiliano Iommi(意大利),Kil-Hyo Ahn, Chang Sik Shin(韩国),Dirk van den Bergen(荷兰),Pierre Sollberger(瑞士),Fernando Galindo-Rueda, Walter Mkandawire, Damian Whittard(英国),Dennis Fixler, John Jankowski, Ian Mead, Francisco Moris, Carol Moylan, Carol Robbins(美国),Alessandra Colecchia(经合组织)。

目　录

概　要 ·· 1

    引言 ·· 1
    概述 ·· 3
    主要建议 ·· 7

第 1 部分　知识产权资产的测度 ··· 11

    引言 ·· 11
    1. 知识产权资产和固定资本形成总额 ··· 11
    2. 估计知识产权产品的固定资本形成总额 ··· 17
    3. 需求法 ·· 25
    4. 供给法 ·· 30
    5. 知识产权产品国际贸易 ··· 32
    6. 价格和物量 ··· 39
    7. 资本测算 ·· 42
    附录 A　价格和质量的变化 ·· 46

第 2 部分　研究与试验发展 ··· 49

    引言 ·· 49
    8. 量化影响 ·· 50

9. 2008 版 SNA 中 R&D 固定资本形成的定义及范畴 ⋯⋯⋯⋯⋯ 51

10.《弗拉斯卡蒂手册》数据的特征 ⋯⋯⋯⋯⋯⋯⋯⋯⋯⋯⋯ 53

11. 实践中测度 R&D 固定资本形成总额的指南 ⋯⋯⋯⋯⋯⋯⋯ 58

12.《弗拉斯卡蒂手册》中的部门与 SNA 部门之间的桥表 ⋯⋯⋯ 67

13.《弗拉斯卡蒂手册》中 R&D 内部经费与 SNA 中 R&D 产出之间的桥表 ⋯⋯⋯⋯⋯⋯⋯⋯⋯⋯⋯⋯⋯⋯⋯⋯⋯⋯ 68

14.《弗拉斯卡蒂手册》中 R&D 支出和投入资金分类与 SNA 中供给使用表之间的桥表 ⋯⋯⋯⋯⋯⋯⋯⋯⋯⋯⋯⋯⋯⋯⋯ 73

15. 对账户的影响 ⋯⋯⋯⋯⋯⋯⋯⋯⋯⋯⋯⋯⋯⋯⋯⋯⋯⋯ 80

16. 国际贸易其他问题 ⋯⋯⋯⋯⋯⋯⋯⋯⋯⋯⋯⋯⋯⋯⋯⋯ 80

17. R&D 的季度估算 ⋯⋯⋯⋯⋯⋯⋯⋯⋯⋯⋯⋯⋯⋯⋯⋯⋯ 82

18. 价格和物量 ⋯⋯⋯⋯⋯⋯⋯⋯⋯⋯⋯⋯⋯⋯⋯⋯⋯⋯⋯ 84

19. 资本测算 ⋯⋯⋯⋯⋯⋯⋯⋯⋯⋯⋯⋯⋯⋯⋯⋯⋯⋯⋯⋯ 85

附录 B　R&D 服务寿命长度的问题 ⋯⋯⋯⋯⋯⋯⋯⋯⋯⋯⋯ 92

附录 C　R&D 执行者的其他问题 ⋯⋯⋯⋯⋯⋯⋯⋯⋯⋯⋯⋯ 94

附录 D　所需的其他数据 ⋯⋯⋯⋯⋯⋯⋯⋯⋯⋯⋯⋯⋯⋯⋯ 103

附录 E　R&D 国际贸易数据开发指南 ⋯⋯⋯⋯⋯⋯⋯⋯⋯⋯ 105

第 3 部分　矿藏勘探与评估 ⋯⋯⋯⋯⋯⋯⋯⋯⋯⋯⋯⋯⋯ 109

引言 ⋯⋯⋯⋯⋯⋯⋯⋯⋯⋯⋯⋯⋯⋯⋯⋯⋯⋯⋯⋯⋯⋯⋯ 109

20. 国际标准及作为资产的矿藏勘探与评估 ⋯⋯⋯⋯⋯⋯⋯⋯ 109

21. 矿藏勘探与评估的定义和范围 ⋯⋯⋯⋯⋯⋯⋯⋯⋯⋯⋯⋯ 111

22. 估价 ⋯⋯⋯⋯⋯⋯⋯⋯⋯⋯⋯⋯⋯⋯⋯⋯⋯⋯⋯⋯⋯⋯ 113

23. 固定资本形成总额的估计与编制 ⋯⋯⋯⋯⋯⋯⋯⋯⋯⋯⋯ 114

目录

- 24. 价格和物量 ··· 115
- 25. 资本测算 ··· 116
- 26. 所有权 ··· 117
- 附录 F　澳大利亚矿藏勘探与评估调查 ··· 119

第 4 部分　软件和数据库 ··· 130

- 引言 ··· 130
- 27. 软件 ··· 133
- 28. 数据库 ··· 158
- 29. 软件和数据库的国际贸易 ··· 163
- 30. 价格和物量 ··· 167
- 31. 资本测算 ··· 171
- 附录 G　企业核算的经验 ··· 176
- 附录 H　软件相关分类 ··· 179

第 5 部分　娱乐、文学和艺术原件 ··· 198

- 引言 ··· 198
- 32. 定义和范围 ··· 198
- 33. 娱乐、文学和艺术原件的范围 ··· 199
- 34. 概念问题 ··· 208
- 35. 娱乐、文学和艺术原件的估值 ··· 210
- 36. 娱乐、文学和艺术原件的版税和版权 ··· 212
- 37. 价格和物量 ··· 214
- 38. 资本测算 ··· 216

附录 I 版权 …………………………………………………… 218

参考文献 ……………………………………………………………… 221

后记 ………………………………………………………………… 225

概　要

引　言

2008版SNA的主要创新之一是把R&D支出确认为固定资本形成。在2007年的联合国统计大会上达成了如下共识：

①在SNA中R&D应视为固定资本形成。应该采用弗拉斯卡蒂手册（FM）[①]的定义，也就是"R&D包括为了增加知识储备（包括有关人类、文化和社会的知识）并利用这种知识储备开发新的应用，系统性地从事创造性工作"。该定义并没有将人力资本视为资本形成。

②根据惯例，由于大多数的R&D是为了自身最终使用而实施的，所以应按照实施成本进行估值。实践中，按照弗拉斯卡蒂手册收集的信息可以用来估计R&D支出；有关弗拉斯卡蒂手册内容进行调整满足SNA需要的相关问题，仍在讨论中。大家一致认为，非常有必要制定实施详细的指导方针帮助这个建议付诸实施。

③用于出售或有望未来能为其所有者带来收益的R&D（包括由政府实施R&D以提供公共服务的情况）都包括在资产边界之内。那些在研究期满，还不能带来可识别经济收益的R&D被排除在资产边界之外。

---

① 经合组织的2002版《弗拉斯卡蒂手册》中提出R&D调查的标准惯例。

④由于R&D费用包含在（固定）资产边界中，在此体系中专利实体不再单独进行确认，但是仍归入R&D资产中。

虽然许多国家强烈建议在2008版SNA中采用这些建议，但是也有相当一部分国家认为，由于一些难以克服的技术困难，这么做还为时尚早。总之，原则上R&D支出应被确认为资本形成的一部分，但是考虑到要达到这一目标之前需要克服的重重困难，设立卫星账户不仅为解决方案提供了一种非常有用的方法，可以对测度结果给出适当的置信水平，并成为实践指南，同时还可以确保国际间可比性。因此，2008版SNA中将说明这一目标及其概念基础，指出存在的困难，为如何克服困难提供相关信息；同时，也指出对于许多国家来说，实施2008版SNA还需要一些时日。当实施细则被广泛的接受时，国际国民账户工作组将会定期将实施进程和相关问题向联合国安全理事会报告。

在最后一段中所提出的需要解决的若干问题，为建立经合组织和欧盟统计局工作组编撰R&D资本测度指南提供了动力，这也是编写本书的原因。在2008版SNA修订期间，大量的工作（包括确立R&D卫星账户）是由非金融资本测度工作组——堪培拉Ⅱ组承担的。这为经合组织的R&D及其他知识产权产品工作组的工作提供了基础，并形成了在这本书中所提及的指引的建议。这些也是在现有知识基础上工作组的观点汇总结果。

进一步的工作将需要在数据发达地区进行，这点是非常明确的，特别是进行有关本手册说明和倡导的有关R&D服务寿命及R&D国际贸易的专项调查。关于资本服务寿命，工作组的几个成员国已经实施了试点调查，结果是令人鼓舞的。

需重点说明的是，虽然本手册对涉及知识产权产品交易的记录，是从概念基础上并且经常是在知识理论的基础上提供信息，但是它的主要目的是提供与2008版SNA描述相一致的概念及实践建议。

本手册的第1部分从讨论一般意义上对知识产权产品（IPPs）的认识

开始,注重它们的共同特征,关注可以用来测度知识产权产品交易的一般通用的方法及影响测度的常见问题。随后的章节将更加详细地介绍知识产权产品中的4个主要类别(R&D,矿藏勘探与评估,软件和数据库,以及娱乐、文学和艺术原件),尤其是每个分类的具体测度角度及它们的子分类。

概 述

在许多方面,知识产权产品区别于其他商品和服务的主要特征如下:
①它们通常是唯一的(独特的),但是可复制的;
②它们经常生产出来是供自己使用;
③它们不会像常规资产那样出现磨损;
④它们可以很容易地以最小的物质成本进行复制。

这些特征为它们的测度带来了一些问题,其中最主要的问题是固定资本形成总额(GFCF)与中间消耗之间的差异。概念上,IPPs应该同其他的商品或服务一样处理,如果它满足SNA中的定义(2008版SNA第3.30段),其支出应记录为固定资本形成(GFCF)。

但是,判断某项支出是否应归类为固定资本形成的细化规则,对知识产权产品来说存在一些特有的问题。例如,许多IPPs可以复制,并且这些复制品它们自身的特征可能也满足记录为资产的条件。另外,公司有可以购买生产IPPs的权利,这些权利可能也满足记录为资产的条件。

在考虑如何记录这些交易时,很有必要区分所谓的"原始"IPPs(可仅仅用于"生产"复制品或者直接用于其他商品和服务的生产过程中)、IPPs复制品和复制权。并不是所有的复制品都可以记录为资产,只有那些使用期超过1年的,不论是仅用于生产复制品还是直接用于生产其他商品或服务的原始IPPs,才能记录为资本。

使用许可

使用（复制）许可指的是某单独产品，如果许可满足 2008 版 SNA 中的资产条件（特别是许可必须持续 1 年以上），它们的收购成本可以被记录为固定资本形成总额。原件的价值与这些许可预期的（净现值）销售收入有关，但重要的是应谨记无论这些许可最终的实际销售收入是多少，可能与预期销售收入不同，原件的固定资本形成总额都不会变化。然而资产负债表中原价的价值应随着价格或物量（资产账户中的其他变化）的改变而变化。

复制许可

复制许可也是某单独产品，如果其满足 2008 版 SNA 中的资产条件，那么购置成本应记录为固定资本形成总额。但是，如果它们满足 2008 版 SNA 中的资产条件，它们应被视为原件的部分或者全部出售。如果它们不满足 2008 版 SNA 中的资产要求，那么它们的购置成本应记录为中间消耗。

原件估价

原件估价可以说是对统计学家最大的挑战，因为绝大多数的原件是部分或者全部供自己使用的，原件交易是相对少见的。因此，一般不存在可参考的市场价格，并且考虑到知识产权产品的性质，一般也不可能按照基本价格估算。这样，本手册及 2008 版 SNA 中提议采用生产成本之和法（包括估计原件生产中用到的资本的报酬），但是估价过程并未完成。因为许多原件的生产用时超过 1 年，严格来讲在原件生产早期发生的支出应记录为在制品（这些支出在竣工年份重新归入固定资本形成总额）。在实践中这样做很难实现，所以 SNA 和本手册中采用实用（务实）主义的方式，确认这些支出在它们发生时就应记录为固定资本形成总额。

失败的原件

在生产知识产权产品的过程中，不是所有的支出和努力都可以换来成功发明的原件。这就产生了如何处理失败的"原件"这个争议性问题。是否应该把失败的原件包含在固定资本形成中是有争论的。考虑到两个观点都有道理，本手册中采用一种务实的方法，建议最终证明是失败的那些发明原件产生的费用应记录为固定资本形成。此外，本手册不建议在发明原件被证明是失败时把资产的价值记录为零。

政府生产的可免费使用的知识产权产品

在 SNA 中记录一项资产的要求之一是明确"所有权"，这有利于所有者对资产进行有效的管理和控制，确保经济收益归所有者。政府生产的用于提供非市场服务的某些知识产权产品，例如，医疗和教育，即使这些资产本身可供别人包括市场部门免费使用，也满足资产的要求，但是当由政府支付知识产权产品的费用而产生的资产，不考虑免费部分，且政府的目的不是用来提供非市场服务的情况下，所有权的问题是存在争议的。关于支持和反对把这些支出记录为固定资本形成的争论一直都存在，并且两种立场都具有道理。最后，本手册从务实的角度提出建议，关于政府旨在生产可以使用 1 年以上的知识产权产品，由其支付的所有这类支出都应记录为固定资本形成。

重复计算

知识产权产品可用于其他知识产权产品的生产过程中，例如，软件可以在开展 R&D 中被应用或被开发出来，反之亦然。如果任何投入生产供

知识产权产品资本测度手册

自己使用的知识产权产品满足资产的标准,就应该记录为资产。当资产用于生产 IPPs 时,其产生的资本服务也应该包括在估计这些 IPPs 固定资本形成的总成本中。因此,手册建议,当要求单位估计供自己使用的知识产权产品资产成本时,应要求他们分别估计每项知识产权产品的当期成本,如果可能的话要包括使用的其他资产(包括知识产权产品资产)所提供的资本服务。使用成本之和法估计自产自用知识产权产品的价值时,确保同一种成本不包含在一项以上的资产价值估计中,这是非常重要的。只有用来生成知识产权产品资产的一部分中间消耗、劳动、资本服务等才应该被包含在总成本中。

折旧

虽然总产出、营业盈余、资本形成和资本存量的净值测算非常重要,但是知识产权产品的原件和复制件都可以记录为固定资本形成,这更加强化了折旧的重要性。因此,本手册为研究方法和潜在的调查提供了全面的指导,这些方法和调查可以用来确保对折旧和资本有更加普遍适当的测度。手册中提倡使用永续盘存法(PIM),鼓励使用几何模型的役龄—价格函数和役龄—效率函数。

供给和需求的测算方法

手册中提供了测算方法和数据收集的详细指导,这些方法和数据可以用于测算每种类别知识产权产品的固定资本形成。对于大部分类别,尤其是软件和 R&D,手册中建议使用供给和需求的测算方法。就需求方法来说,特别是测量 R&D 的方法,本手册提供了可以用来收集数据的调查案例。而对于 R&D 的情况,本手册还提供了一个详细的数据资源案例,这些数据资源主要用于收集《弗拉斯卡蒂手册》中建议收集的信息。

概　要

知识产权产品交易

国际贸易的测度是很有必要在未来深入的一个领域。幸运的是，已经采取措施在改变现状了，尤其是在产品分类领域。例如，EBOPS 分类体系，其最新版本中将提供一个更加详细的知识产权产品类型的分解。但是，关联企业之间的跨境贸易仍是一个需要优先发展的领域。

价格和物量

知识产权产品可以分解为 3 个大类：供出售的复制品、供出售的原件和供自己使用的原件。手册中对不同类型情况下的物量估算给出了明确的建议，识别每种类型之间的差异，也明确地包括价格数据的可得性。对于复制品，手册中认可知识产权产品快速变化的性质，因此，强烈提倡采用特征价格法。对于供出售的原件，手册中参照《生产者价格指数手册》的方法，其中描述的许多"模型"基础方法可以使用。最后，对于供自己使用的原件，手册中鼓励使用可反映质量和生产率变化的方法，但是当这些方法不适用时，本手册确认和接受使用基于投入的方法。

主要建议

手册中列出了许多建议，为方便起见，主要意见重复如下。

固定资本形成与中间消耗的区别

> 建议3：作为一般规则，无论是购买的还是生产供自己使用的知识产权产品，如果它们预计将为所有者带来经济收益，那么它们的所有支出都应记录为固定资本形成。只有在单位专门从事生产一种类型

的知识产权产品用来销售的情况下，应该把这种类型产品的购买成本费用化，或者是如果很明显地它们完全包含在其他的知识产权产品中。例如，购置的包含在出售电脑中的软件复制品，或者存在的其他特殊信息，如存在的有效期在1年及1年以内的许可证。

建议30：区分使用许可的有效期在1年以上或者在1年及1年以内是非常重要的。属于前一种情况，生产单位购买的不包含在其他产品中并一起销售产品的支出记录为固定资本形成；所有其他的使用许可的费用记录为消耗。无论采用哪种方法，准确区分这两种情况对测度都是极为重要的。

估价供自己使用的产品

建议10：当要求单位估计供自己使用的生产性资产的成本时，应要求它们逐条列记其成本，要单独地识别出其他固定资产的支出。成本总值中不包括其他固定资产的支出，但是估计的资本使用者成本应包括在内（非市场生产者仅包括折旧部分）。这可以通过应用永续盘存法（PIM）估算过去的资本支出，或通过专门从事生产特定的知识产权产品的单位数据做一个设算。

失败的研发

建议8：当用成本之和法估计IPPs的固定资本形成时，应该包括所有的成本，不管该活动最终是否成功。最后证明是失败资产的价值也不应在物量账户的其他变化中核销。相反，他们应该同类似的成功资产一样进行折旧。

R&D

建议 16：当所有者可以有效地管理和控制 R&D 产出以确保预期的收益时，资产的所有权也就出现了。要保证所有者获得预期收益，除了取得 R&D 的专利之外还有很多其他方法。例如，在科学杂志上发表 R&D 成果。通过这样做可以阻止其他人索要所有权。

建议 17：作为一个实用的解决方案，当知识产权保护没有清晰地分配从 R&D 中获取收益的权利时，所有者被视为 R&D 成果的购买者，或者在自己生产供自己使用的情况下所有者被视为 R&D 的生产者。

建议 19：在一般情况下，所有购买的或者为自己使用生产的 R&D 都应被视为生产者的固定资本形成，除了最初是为了卖出获利而生产的 R&D（这时应被记为购买 R&D 成果单位的固定资本形成）。

建议 20：除非存在特定的与此相反的信息，否则科学研究发展业（ISIC 第四版第 72 类）的市场生产者购买 R&D 或者进行 R&D 生产的所有费用都应记录为中间消耗或在其他方面的支出，假设这些单位执行 R&D 是为了出售，购置的任何 R&D 都包含在出售的产品中。只有存在特定的、可用的、与之相反的信息时，R&D 的购置才记录为固定资本形成。例如，由新兴公司执行的还未出售的 R&D，或者一个单位取得一项专利并卖出使用许可的情况。

矿藏勘探与评估

建议 26：当使用永续盘存法（PIM）推导资本估价的测算时，假设矿藏勘探与评估的服务寿命与相关的地下资产的服务寿命是相似的，这个假设是合理的。

建议 27：在估算地下资产的存量时，要特别注意避免对矿藏勘探与评估的重复计算。

软件

建议 28：供自己使用软件的更新或升级应不包含"原件"版本的价值，应只反映软件价值的增长。在资产负债表中升级过的软件的价值，包括升级的价值加上原版本的折旧价值。

娱乐、文学和艺术原件

建议 39：娱乐、文学和艺术原件应定义为至少包括电影、电视和无线电台储存的节目、文学作品和音乐作品。如果它们满足以下 4 个准则，其他原件也可以包括在内。

①物品必须具有版权。
②物品应具有基本的艺术性意图。
③物品必须满足资本化的标准，这与任何资本物品包含在固定资本形成中的标准是一样的。
④物品没有包含在国民经济核算的其他地方。

第1部分 知识产权资产的测度

引 言

2008 版 SNA 描述了 5 种类型的知识产权资产。

a. 研究与开发；

b. 矿藏勘探与评估；

c. 计算机软件和数据库；

d. 娱乐、文学和艺术原件；

e. 其他的知识产权资产。

有建议指出，类别 c 应该分解为两类：计算机软件和数据库；类别 e 其他知识产权资产，包括任何等同于固定资产但不属于上述项的产品。因为它不包含任何特定的项目，所以本手册予以忽略。剩下的 4 类在本质上是完全不同的，并且用来评估它们的数据也是相差很大的。然而，相同的一般原则也适用于评估他们的固定资本形成（GFCF）。

1. 知识产权资产和固定资本形成总额

1.1 固定资本形成总额的定义

在 2008 版 SNA 第 3.30 段中给出资产的定义如下。

资产是一种价值储备，代表经济所有者在一定时期内通过持有或使用某实体所产生的一次性或连续性经济利益。它是价值从一个核算期向另一个核算期结转的载体。

这个定义对于知识产权资产的测量有许多重要的含义。

- 第一，知识产权资产的价值是由给其经济所有者带来的经济利益决定的。这意味着为任何其他单位带来的利益都不包括在该资产的价值中。

- 第二，定义指的是经济所有者而不是法律所有者。大多数情况下，这两者是相同的，但普遍的情况是知识产权资产的法律所有者通过发布许可（或者租赁），实际上可转移经济所有权。

- 第三，资产是把价值从一个核算期结转到另一个的载体。这可以解释为知识产权产品预期能够产生超过1年的利益。

固定资产是在生产过程中由最终使用者使用的生产性资产。它遵循资产的定义，即固定资产在生产中将使用1年以上。然而，有两种例外，一种是基于概念，另一种是基于实践。第1种排除由居民买来为家庭提供服务的产品，因为家庭服务性的生产（住宅服务除外）处于生产边界之外。因此，知识产权产品（IPPs），如由居民为自身提供服务购入的计算机软件不能视为固定资本形成。第2种例外，与小型工器具有关。2008版SNA第10.35段这样描述。

10.35 第2个被排除在外的是小型工器具，这是从实用角度（而不是概念上）考虑的。某些货物可能在许多年内被反复或连续地用于生产，但它们可能较小、较便宜，并且用于比较简单的作业，如锯、铲、小刀、斧子、锤子、起子和扳手等手工具。如果这种工具的购买比较频繁，且与购买比较复杂的机器设备的支出相比它们的价值很小，那么将其视为用于中间消耗的材料或用品可能更为恰当。但也并非绝对如此，这要视这些工具的相对重要性而定。在一些国家，如果此类项目在某产业生产耐用性货物存量价值中占有很大比重，那就有可能被视为固定资产处理，生产者对它们的获得和处置要记录在固定资本形成总额项下。

第1部分　知识产权资产的测度

概念上，把满足固定资产条件的产品的所有支出记录为固定资本形成显然是可取的，不用考虑它们的形状和大小。小的支出只有当具有很好的实践上的理由可以不计时才能排除在外。考虑到估计知识产品固定资本形成的方法是从实践中推导得到的，似乎没有情况可以做这种排除。

> 建议1：小的支出只有具有很好的实践上的理由时，才可以在估计知识产权产品固定资本形成时被排除在外。

在测算知识产权产品的固定资本形成总额时，需要克服的困难之一是区分资本性支出和中间消耗。其中以下4种特殊情况带来了很大困难：维护和修理、使用许可、复制许可及用于生产其他IPPs资产的知识产权产品资产。

1.2 维护和修理

2008版SNA中将普通的、定期的保养和维修定义为中间消耗，把可提高性能或资产预计使用年限的，根据资产状况做出的、不定时的重大整修定义为固定资本形成。知识产权产品资产不会出现磨损或其他形式的物理退化[①]，但是由于种种原因，他们可以被改进或扩展。原则上，任何改善资产性能或者延长资产服务寿命的改进或扩展都应记录为固定资本形成。但是，在实践中很难明确识别这些扩展。2008版SNA中第10.45～第10.47段讲述了这个问题，总结得出的建议是大量的、有计划的改善应记录为固定资本形成，而次要的、无计划的改进记录为中间消耗更恰当。

> 建议2：知识产权产品资产不会出现磨损或其他形式的物理退

---

① 尽管由于其他原因他们的价值没有下降——参阅第7小节。

知识产权产品资本测度手册

化，但是他们可以被改进或扩展。大量的、有计划的改善应记录为固定资本形成，而次要的、无计划的改进记录为中间消耗更恰当。

1.3 使用许可和复制许可

2008版SNA中第10.99段和第10.100段讨论了关于将使用许可和复制许可的支出记录为固定资本形成的情形，这两段内容如下。

10.99 有些知识产权产品由负责开发的单位或经转移后得到产品的单个单位单独使用，矿藏勘探与评估就是这样的例子。其他产品，例如，计算机软件和艺术原件，都有两种使用形式。第1种是原件或"原版拷贝"，它们通常仅由一个单位控制——但也存在例外，下文将对此进行解释。第2种是把原件制成复制品，再将复制品提供给其他单位。复制品可以直接出售，或者由其他单位通过许可而获取。

10.100 如果一件被直接出售的复制品能够满足下述必要条件，即它被用于生产的时期会超过1年，就可将其视作固定资产。对于那些需要使用许可才可获得的复制品，如果它们也能满足下述必要条件，即它被用于生产的时期会超过1年，且许可证持有者承担了与所有权相关的一切风险和报酬，那么也可将其视作固定资产。这里存在一个适当但非必要的假设前提：一次性付款购买了可以使用多年的使用许可。如果需要使用许可才可获得的复制品是通过长期合约下的分期付款获得的，而且经判断，被许可人已经获得了复制品的经济所有权，那么它也应该被视为资产的获得。如果是在没有长期合约条件下通过分期付款得到使用许可的，那么该付款应被视为对服务的付款。如果最初有一笔大额付款，然后在接下来的年份中有一系列相对小额的付款，那么最初的付款记作固定资本形成总额，接下来的付款则视为对服务的支付。如果许可证允许其持有者对原件进行复

第 1 部分　知识产权资产的测度

制，随后承担发放、维护和保养这些复制品的责任，那么该许可证被称为复制许可，应视作向持有复制许可证的单位销售了部分或全部原件。

使用许可和复制许可的重要性随知识产权产品的类型而变化，以上给出的建议不能直接应用。因此，最好按资产类型考虑这些资产。

1.4　其他 IPP 资产生产中包含的或使用的知识产权产品资产

决定购买的产品是否应记录为固定资本形成总额或中间消耗的一般原则如下。

①如果预计在 1 年或 1 年以内消耗尽的产品应记录为中间消耗；

②如果产品被包含在另一个特定的知识产权产品中作为其中一部分，应记为中间消耗；

③如果预期在生产中重复、持续使用 1 年以上，则记录为获得的一项固定资产。

在第②种情形，购买的产品应视为为了自己使用而生产的新原件的一部分，尽管该产品能单独地视为固定资本形成总额。例如，如果为了嵌入自用软件原件这个唯一目的而购买的软件，原则上它的购置应记录为中间消耗，它的成本应仅仅包含在自用软件原件的固定资本形成总额的测算中。但是，如果购置的软件在软件原件的生产过程中重复或连续地使用 1 年以上，那么它应视为一项独立的固定资产，它在每个时期提供的资本服务的价值应用于测算每个相应时期的原件的固定资本形成总额。下面介绍手册后面描述的指导方针。

为了供自己使用而生产的、后来又用来生产其他产品的产品，也存在同样的争议。例如，假定在生产自用软件的过程中存在一个额外的 R&D 阶段。如果在一个软件原件生产过程中，这项 R&D 产出在 1 年及 1 年以内用尽，那么原则上承担这项 R&D 活动的成本应包含在软件原件的生产成本中，也就不存在一项 R&D 资产的固定资本形成。如果在一个以上的软件原件生产过程中，这项 R&D 产出在 1 年及 1 年以内用尽，那么原则上应对这项 R&D 产出的生产成本进行分解，包含在每个软件原件的生产成本中。但是，如果 R&D 产出预期在 1 个或多个软件原件的研发过程中使用 1 年以上，那么应记录为一项固定资产，它提供的资本服务的价值应分配到每个时期内研发不同软件原件的成本中。

在生产新知识产权产品中使用的知识产权产品是购买的还是自己生产的，在实践中很难做出这样的区分的。此外，无论是购买的还是自己生产的知识产权产品（如软件和 R&D 产品），在 1 年内全部用尽的情况是十分罕见的。它遵循这个准则（参阅下文），如果这些固定资产对后来的供自己使用的固定资本形成总额有贡献，那么在计算总成本时它们提供的资本服务成本应包含其中（当合计总成本时）。只有在单位专门从事生产一种用于出售的知识产权产品时，这种类型产品的购买才应该计入费用，或者当它们明确会完全包含在另一种知识产权产品中时，如为安装在出售的电脑中所购买的软件复制品。

> 建议 3：作为一般规则，无论是购买的还是为自己使用而生产的知识产权产品，如果它们预期将为所有者带来经济利益，那么它们的所有支出都应记录为固定资本形成总额。只有在单位专门从事生产一种类型的知识产权产品用来销售的情况下，应该把购买的这种类型的产品费用化，或者是如果很明显地它们完全包含在其他的知识产权产品中。例如，购置用于嵌入出售电脑中的软件复制品，或者存在的其他特殊信息如存在的有效期在 1 年及 1 年以内的许可证。

因此，在一般情况下，当实施 R&D 是为了开发自用的软件，并且通过成本之和来估计软件的固定资本形成总额，那么成本应包括由 R&D 提供的资本服务的成本。同样，用总成本估算 R&D 固定资本形成总额时，

第 1 部分　知识产权资产的测度

用于实施 R&D 的软件提供的资本服务的成本也应该包括在内。这可以通过采用永续盘存法估计过去的资本支出或通过基于专门从事特定知识产权产品生产的单位的数据进行计算来完成。

专栏 1　溢出

正如前面已经提到的，一项资产的价值是由它给经济所有者带来的累积利益决定的。带给其他单位的利益被称为溢出，这部分不包括在产生外溢的资产的价值中，而且溢出流量不记录为交易。2008 版 SNA 中第 10.101 段这样解释（另参阅本手册第 9.1 节）。

如果所有者免费发放复制品，那么在 2008 版 SNA 中不会记录所有者和接受者之间的流量。尽管复制品是免费的，但如果所有者仍然期望能获得利润，那么应该将这些利润的现值记录在其资产负债表中。可能会出现这种情况：免费发放的信息并不完全，随后所有者打算以一定价格出售详细的信息，在测试版阶段免费发放的软件就是一个这样的例子。还有一种情况是：所有者会判断免费发放复制品为其生产带来的收益与生产之间的关系，他们会为了占领市场、创造商誉或其认为值得的情况提供复制品。

建议 4：在对固定资产估价时不应考虑溢出量。

---

2. 估计知识产权产品的固定资本形成总额

所有的知识产权产品资产可以分成两类：购买的知识产权产品资产和为自己使用而生产的知识产权产品资产。在实践中用于估计这两类资产的方法必然是不同的，两者的显著区别描述如下。

无论这些资产是购买的还是自产自用的，知识产权产品的固定资本形成总额的估计必然是基于 2008 版 SNA 定义的知识产权产品前四大类别。实际上，需要更详细地编辑这些类别。需要考虑的两点是：第一，用户的需求；第二，估价的需要。对于第二点，需要考虑到给出何种详细程度最能估计基于现价和基于物量的固定资本形成总额。如果不同类别知识产权产品的现价和物量元素具有不同的增长速率，则初步表明需要考虑这些变化的价格指数（如用帕氏价格指数推导出拉式物量指数），或者需要在足够详细的程度上进行物量估计，以便推导出令人满意的总物量估计（如使用拉普拉斯价格指数）。同样，如果不同类别的资产具有不同的增长速率和服务寿命，那么就有一个很好的理由在一个足够详细的程度上推导资本测度[①]。

正如前文已经提到的，2008 版 SNA 中软件和数据库具有单独的子分类，建议出于估价的目的、不同缩减指数和服务寿命的应用，软件至少应分为软件包、定制软件和自产自用软件。另外，娱乐、文学或艺术原件大都是异质的，明显可取的方法是把这些分开单独进行估计。

> 建议 5：在估计固定资本形成总额时，考虑到产品价格变化速率和资本服务寿命的不同，产品的详细程度由用户需求、数据可取性和产品的异质性决定。

2.1 购置的资产

估计购置资产的固定资本形成总额可以通过调查企业和政府的详细支出获得，这种方法叫作需求法。也可以通过估计资本产品的供给（产出加

[①] 资本存量、固定资本消耗和资本服务。

第1部分 知识产权资产的测度

上进口)并按照用途进行分配的方法得到,通常是把估计的出口、中间消耗和最终消耗、存货变化的支出之和与供给之间的差额作为固定资本形成总额,这种方法称为供给法或者商品流通法。

需求法的主要优势在于它是一种直接测算方法,能提供活动部门或行业的估计值;它的缺点是经常会导致低估,因为调查对象不是按照与SNA中知识产权产品定义一致的方法确定他们的所有知识产权产品的支出。供给法的主要优势是资本产品的供给和使用(产出、进口和出口)的主要部分在一个详细的产品分类程度上可以很好地进行测算,对于知识产权产品来说还有相当大的提升空间;主要缺点是供给价值量是按照基本价格而不是购买者价格估计的,并且供给法不能提供按照用户类型分类的估计量[1]。鉴于这种情况,本手册中建议对供给法和需求法2种测算方法进行比较和调整,以综合考虑它们的相对优势和缺点。即使对一种特定类型的资产而言,一种方法比另一种方法更具有优势,如果采用2种方法得到的估计结果不相同,这样一种结果的对照也是有益的;如果估计结果相似,那么说明其更令人信服。

> 建议6:只要有可能,估计购置的固定资产的价值时应采用供给法和需求法两种方法进行测算,然后对彼此进行比较和调整。

2.2 自产自用的资产

2008版SNA(第6.124段)建议,为自身最终使用的产出应该以这些货物和服务如在市场上销售所能得到的基本价格来估价。为此,同类货物

---

[1] 例如,在国际贸易统计中。关于《国际服务贸易统计手册》和《国际收支服务扩展分类》提出的修订信息参阅章节5,计划于2010年发布,会改善目前的状况。

或服务在市场上必须拥有足够多的买卖量，以计算用于估价的可靠的市场价格。"在市场上"这一表述是指在货物和服务生产的时间和地点，价格是在有意愿的买方和卖方之间起支配作用的因素。如果无法获得可靠的市场价格，可以使用次优方法来计算：为自身最终使用而生产的货物或服务的产值等于其生产成本之和。

知识产权产品一般都是独一无二的，所以不能通过足够多的买卖量来得到可供估算的可靠的市场价格。在这种情况下，通常的做法是通过总成本来估算自己使用的资产的固定资本形成总额。但是，一些知识产权产品的价值可以通过估计销售复制品或使用许可的收入推导得出，如大多数的娱乐、文学和艺术原件及套装软件，这提高了通过估计原件的价值作为未来预期销售收入的净现值的可能性。当然在实践中只知道过去的销售价格，不知道未来的销售价格，因此，使用这种方法时必须进行一些假设。在有些情况下，例如，书本和音乐原件，版税数据经常是可取的，但与生产成本有关的数据是不可取的，因此这种方法的使用唯有进行一些合理的假设。

通过成本之和推算供自己使用的资产的固定资本形成总额时有两种不同的方法。第1种通常被称为"微观法"，需要调查企业（或准公司）和政府单位获得生产固定资产的成本估计值。第2种是采用基于劳动投入的一种方法，需要估计生产这些产品的在职人员数和生产时间比例从而获得劳动投入量，然后用劳动投入量乘以工资率和每单位劳动投入的其他成本（非工资劳动和企业的日常管理费用也属于生产资产产品的成本）。这给出了知识产权产品原件总产出的估计值，从中扣除用于出售的产品原件的估计值，从而得到自产自用的知识产权产品的估计值。这种"宏观"的方法一般用来估计自产自用的软件的固定资本形成总额。

同样，正如对于购置的知识产权产品，如果分别用这2种方法估计供自己使用的资产的固定资本形成总额，并进行比较，则是最好的估计方法。在这种情况下，关键是与从调查中得到的估计值相对应，即使用"微观法"

第1部分　知识产权资产的测度

与使用"宏观法"推导得出的结果相对应。为便于在手册中的其他地方描述,把微观法归类为一种需求法,把宏观法归类为一种供给法。

> 建议7:只要有可能,估计供自己使用的固定资本形成总额时,应使用微观法和宏观法进行推导,然后比较这2种结果并进行调整。

自产自用的资产的记录时间也是非常重要的因素。正如2008版SNA(第10.53～第10.55段)的解释,记录固定资产的收购和出售时间的一般原则是,当固定资产的所有权转移到打算用它进行生产的机构单位之时进行记录。在完工之前处于生产中的资产一般作为在制品记录为存货,当完工时将把它们重新分类为存货中的制成品。但是,自产自用的IPPs资产应当在生产时就记录为固定资本形成(参阅2008版SNA第10.54段)。

失败的研发

自产自用的资产在生产时就应记录为固定资本形成,这对处理失败的研发具有重要的影响。有2种选择值得考虑:一种是在研发期间按照一般的方法把资产的价值记录为固定资本形成,当工程被放弃时把它勾销掉(在资产物量其他变化账户中,参阅2008版SNA第12.55段)。这与企业的会计程序一致。但是,当处理知识产权产品尤其是考虑到在实践中估计成功知识产权产品的方法——成本和法时,这种方法是不合适的。

首先,失败的知识产权产品这个概念本身就是有争议的。例如,一种特定的药物完成后可能不起效果,但经常可能是研发一种成功药物的实验过程的一个核心部分,因此,这些成本应合理地视为成功药物成本的组成部分。事实上,即使可能确定一个失败知识产权产品的支出不是最终产生一个成功知识产权产品的连续过程的部分,只要成功活动的成本用于估计生产的资产的价值,固定资本形成总额和资产负债表中的资产价值就可能存在潜在的非常重要的低估。这是因为知识产权产品的研发存在高风险性。例如，矿藏勘探和R&D，实施单位预期从成功中获得的利益将会超过并补偿失败的成本。虽然软件开发彻底失败的风险要比矿藏勘探和R&D低，但是也存在众所周知的失败案例，这时前文的论点也同样适用。在这些情况下，通过成功和失败的研发项目的成本之和来估计自产自用的知识产权产品的固定资本形成时，高估是不太可能发生的。

> 建议8：当使用成本和法估计知识产权产品的固定资本形成时，应包括所有的成本，无论活动最终成功与否。随后被证明是失败的资产的价值不应在资产物量其他变化账户中核销。相反，它们按照同样的方法测算，即作为最终被证明是成功的相似类型资产的贬值。

可免费使用的知识产权产品

知识产权产品的一个特征是，它们可以以最小甚至零成本进行物理上的复制。这一特征意味着它们的传播常常是广泛的。市场生产者经常把内部研发的知识产权产品的使用权或复制品出售，即使最初研发它们是为了内部使用。但是有时候原件的使用权或复制品没有限制，可以免费传播。通常伴随着资产专利权或预期使用寿命的期满，原件的价值变为零。但并非总是如此，偶尔市场生产者会在原件的物理寿命和经济服务寿命期满之前使它们免费可用。但是知识产权产品免费使用的事实不能自行排除本身被记为资产。只要原件生产商依旧期望从该知识产权产品中获得经济利益，这项资产就依然存在。

然而当市场生产者生产知识产权产品的最初目的只是为了免费传播、不是为了供自己使用时，就会出现混乱。这些情况下所有者/生产者得到的经济利益是不明显的，但这并不是说不可能得到。市场生产者可能由于

第1部分 知识产权资产的测度

一些仍能给自己提供经济利益的原因而选择使知识产权产品免费可用。例如，增加公司的商誉，或者在一个新的市场中进行发展。

这表明，关于市场生产者自己生产而不打算自己使用的知识产权产品的信息也是非常需要的，因为在有些情况下支出不能令人信服地满足资产的要求。但是，这样做会引起不必要的麻烦，尤其是当考虑到这些交易的规模非常小时，市场生产者通常是自私的。因此，本手册中建议，考虑到市场生产者的这种情况，不需要做这些区分。

尽管这种务实的方法适用于市场生产者，理由是这些交易的规模可能是很小的，但是考虑到交易规模和缺乏利他主义这些情况，该方法很难适用于政府部门。关于政府部门不是为了自己使用而生产的知识产权产品，存在两种观点：第1种是简单地把这些支出作为中间消耗处理，理由是政府没有从资产的研发中获得直接的利益。第2种要从整体的角度考虑政府的角色，可以用一个虽然不完美的类比来阐明这个观点的含义，即公路，在许多国家是免费使用的，但是仍记录为政府的资产。这个类比的唯一缺点是公路对政府来说具有潜在的价值，可以通过最终使用费或者出售而实现，但是特别的是，当政府使知识产权产品免费可用时就会丧失后来的所有权。然而问题是政府的职责是生产那些在自身生产过程中不使用但是可以对外免费使用的资产，因为它对全部的公共物品进行投资。

争论的关键是围绕政府的角色及政府部门和非政府部门的界定进行的。例如，考虑政府投资的用于医疗机构的研究最后归类于政府部门的情形。因为政府将从医疗部门的服务产出中得到直接利益，所以这些支出应记录为投资，即使在非政府部门中相同的知识资产（知识产权产品研发），医疗部门是可以免费使用的。但是如果所有的医疗机构都在政府部门之外，则政府部门不能直接使用资产，但是可以通过从医疗部门购买服务而间接使用，与把医学研究作为资产记录相反的观点会引起对有关支出的不对称的处理，这取决于医疗机构是在政府部门之内还是在政府部门之外，这有点不协调。事实上，重要的是要注意该争论延伸到医疗机构之外，或者可以说，延伸到了习惯上被视为政府部门范围内的其他活动之外，因为在理论上和实践中政府部门可以包含许多其他活动，如农业生产和工业生产，即使这部分很少。这种观点认为即使考虑在市场生产者提供的免费资产和政府购买的服务之间划出界限，但还是有一部分不能这样做：前者的理由是政府通过降低成本获得了利益，而后者认为获得的利益是不明显的。这是因为有人可能会说，政府通过提供资产，降低市场生产者的生产成本，从而降低了公众的成本（因此等同于提供了公共服务），或者如果政府以提供持续的补贴或拨款替代资产，甚至可以说是降低了自身的成本。

尽管概念存在争议，也没有涉及政府部门的角色和界定，但是有其他的实际考虑支持把政府部分的所有知识产权产品支出作为固定资本形成处理。实践中国家收集的信息几乎没有支持把政府部门的知识产权产品支出分解为"由政府使用的部分"和"不是由政府使用的部分"两类的。经合组织的R&D工作组调查根据社会经济目标记录的使用经费数据，并按照《弗拉斯卡蒂手册》的建议，将其作为替代指标，但是只有一半的经合组织国家在R&D调查中收集了这些信息。工作组还考虑使用《弗拉斯卡蒂手册》中描述的从政府预算拨款中得到的社会经济目标数据。虽然几乎所有国家的这些数据都是可获得的，但是工作组发现为了这个目的使用这些数据时存在很大的困难。因此，工作组得出结论：虽然可以使用从一个来源或另一个来源的社会经济目标数据，以决定哪些政府R&D支出应记录为固定资本形成及哪些不能这样记录，但是进行精确测算仍存在问题，且存在显著地降低数据的国际可比性和时期可比性的风险。因此，手册中的建议是政府部门的所有知识产权产品支出，包括R&D支出，如果满足目的是用于生产过程中1年以上这个要求，都应该记录为固定资本形成。

第1部分 知识产权资产的测度

> 建议9：政府部门的所有知识产权产品支出，包括R&D支出，如果满足目的是用于生产过程中1年以上这个要求，不论是政府部门自己直接使用或被其他的使用者使用，都应该记录为固定资本形成。

3. 需求法

如前所述，需求法基于使用调查，要求企业和政府提供它们的购置知识产权产品支出和自产自用的知识产权产品支出的详细数据。虽然基于知识产权产品的不同特点编制一个通用的调查表是不明智的，但是制定一些用于具体调查的准则还是可行的。接下来，术语"调查"用于包含所有形式的数据收集，包括人口普查和行政资源调查。

调查的范围应包含承担各种类型IPPs固定资本形成的单位——私企和公共企业、政府和NPISHs。鉴于许多生产单位都会开发一些供自己使用的软件，软件的范围应考虑全部经济。但是对于其他类型的知识产权产品，应记住为了降低数据报告的负担，鼓励采用更有选择性的方法。例如，一项矿藏勘探调查的范围可以限制在分类为采矿业的单位或者是为采矿业提供相关服务的单位。这个一般准则应用来指导与其他知识产权产品有关的调查。

另外，调查中应区分为自己最终使用而购置知识产权产品的费用和单位为自己最终使用而生产的知识产权产品的成本估计值。就如何估计这两种类型的支出给出明确全面的指导方针是非常重要的。几乎肯定需要密集和反复地使用试点调查，以调整问卷和辅助性材料，再对问卷编辑，以达到良好的效果。考虑到由于低估和小范围的重复计算而造成的错误的可能性大，有人建议问卷应该向所有调查对象说明所有用到的术语，这些术语需要被用来获得购置的和自产自用的资产的估计价值及测算中间指标。

3.1 购置的知识产权产品

应该要求企业把所有购置的用于自己最终使用的知识产权产品都包括在内，包括全部的产品，如软件和服务。这些购置费用应该按照支出类型进行分类。这些费用的类型根据知识产权产品的类型而变化，但是合适时应考虑以下几种情况。

①直接购买供自己使用的完整产品，如软件原件或专利；

②对构成固定资产的服务的支出，如开发定制的软件或电讯产品和寻找矿藏位置的卫星图像服务；

③对满足资产标准的使用许可证（如软件、R&D 产出、电影展览）的支付；

④对满足资产标准的复制许可证（如软件和艺术原件）的支付。

3.2 自产自用的知识产权产品

估计自产自用的知识产权产品时，需要注意的很重要的一点是，无论用于提供内部服务还是通过使用许可证（包括复制品）或复制许可证使其他人可以使用，只要满足标准的资产要求，就可以产生一项原始资产。

根据以上描述，应按照商品和服务在市场上出售时能得到的基本价格对自给性固定资本形成进行估价。大多数情况下是不可能做到这一点的，如果不能，则用未来获得的租金的净现值估计基本价格，或者更一般地，用包含固定资产使用成本的生产成本之和估计基本价格。

2008 版 SNA 第 6.125 段定义了当不能得到可靠的市场价格时如何进行估计。

如果无法获得可靠的市场价格，可以使用次优方法来计算：为自身最终使用而生产的货物或服务的产值等于其生产成本之和，也就是下列各项之和。

①中间消耗；

②雇员报酬；

③固定资本消耗；

④固定资本净收益；

⑤其他生产税（减去补贴）。

按照惯例，非市场生产者进行自给性生产时，产值不包括固定资本净收益。

下面各项应在每个分类中记录。

①中间消耗——包括与雇佣从事资产开发的员工相关的企业日常费用（与员工花费在资产开发上的时间成比例），如管理成本、培训、人事管理、办公用品、电、房租等，以及使用企业的固定资产和与生产资产相关的任何其他的中间消耗。

②雇员报酬——应该反映公司内部参与知识产权产品研发的工作人员数量，乘以他们进行自给性知识产权资产开发时使用时间的平均百分比，这其中不包括维修和商业任务，但包括在研发上所花费的时间，乘以他们的平均薪酬。

③固定资本消耗——应该包括所有用于自给性知识产权产品生产时的固定资本折旧。

④固定资本净收益——反映用于生产自给性知识产权产品的所有固定资产，与花在资产开发的时间成比例（参阅专栏2）。

⑤其他生产税（减去补贴）：反映与生产这些资产的成本相关的所有税收/补贴，如工资税。

应要求调查对象详细列出它们的支出，包括用于生产的R&D、软件和其他固定资产的购置费用。这么做有以下优势：第一，鼓励和支持调查对象记录所有需要物品的成本；第二，与固定资产的购置有关的数据可以用于估计它们提供的资本服务的价值;第三,有助于调查统计学家编辑调查对象的回答,以得到大量较好的估计值。例如,将报告中员工用于资产研发的时间与其他成本相比较,来编辑材料。如果这些联系中的一个或多个超出了确定的界限,就应采取跟进工作。对于大多数调查对象来说,这可能证明对调查对象调查是正当的,但是对于少部分的调查对象来说,这可能引起用估算值替代报告值的现象。

专栏2 资本的使用者成本

当生产者租用一项固定资产(如一座建筑或者一件设备)用于生产中时,租金包括在中间消耗中。但是当生产者自身拥有这项固定资产时,有必要推算出租金。某些情况下可以通过观测市场租金来进行推算,但在实践中经常通过持有这项资产的总成本来估测,即使用者成本。使用者成本包括2个主要部分:固定资本消耗和资本回报。第2部分包括2个子部分:持有资产的利息成本(融资成本或者持有这项资产占用的金融资本的机会成本)和持有这项资产预期的持有损益。另外,政府税收如利息减免税或加速折旧费,也会影响资本的使用者成本。关于如何估计资本的使用者成本的完整讨论,参照OECD修订的《资本测算手册》。

参照《弗拉斯卡蒂手册》进行的R&D调查,是用于测算知识产权产品研发内部总成本而设计的一个调查案例。虽然没有完全符合国民经济核算的要求,但是为如何进行这类调查提供了一个有用的指南。许多国家已经进行了相当长一段时间的此类调查,取得的经验可用于开展获得其他类型知识产权产品数据的调查。

《弗拉斯卡蒂手册》建议,资本成本应该用资本产品的支出(包括土地)测算。然而出于国民经济核算的目的,资本成本应该根据使用固定

第1部分 知识产权资产的测度

资产应支付的租金测算。当使用自身持有的资产时，必须根据估计的资本服务成本进行推算。期望调查对象提供这些成本的合理估计值可能是不现实的，因此，建议这部分成本由国家统计局进行推算得出。以下有几种进行这种估算的方法。

①如果知道过去仅用于生产知识产权产品的固定资产上的支出，那么可以用永续盘存法来估计资本服务的成本。这对于R&D来说是可行的。

②如果可以获取专门从事生产知识产权产品的单位的足够准确和详细的数据，那么就可以计算出活动中资本服务成本与劳动投入的比率，用于推算资本服务的成本。使用总营业盈余与劳动投入的比率也是可行的。

收集广泛传播的知识产权产品的自给性固定资本形成的详细成本数据，如软件，会给调查对象增加较大的负担，也会给国家统计局增加大量成本。降低成本的一个方法是仅从一家子样本单位中收集全套的生产成本数据，在样本剩余单位中仅收集劳动成本，通过回归模型或其他方法推算总成本。

> 建议10：当要求单位估计供自己使用的生产性资产的成本时，应要求单位逐条列记它们的成本，要单独地识别出固定资产的购置成本。成本和中不包括固定资产的购置成本，但是估计资本使用者成本时应包括在内（只包括非市场生产者的折旧部分）。这可以通过应用永续盘存法估算过去的资本支出，或通过专门从事生产特定知识产权产品的单位的数据做一个推算。

3.3 使用企业记录

对于某些类型的资产，如计算机软件，商业会计和国民经济核算的准则非常相似；但是对于其他类型的资产，如 R&D，这 2 种核算标准大不相同。企业会计中不把任何研究支出记录为固定资本形成，且记录的试验发展支出比 SNA 中建议的部分要少（IAS 38）。任何情况下，企业都有一种非常强烈的倾向，即减少记录他们在知识产权产品方面的资本性支出，尤其是企业为了自用的目的而生产这些产品时，这样他们的估计结果常常不适合国民经济核算的目的。企业这样做有很多原因，包括谨慎动机（为了满足会计准则强调谨慎的要求）和通过尽快使资产贬值或者最初不把他们确认为资产的方式减少税款的动机。因此，不建议使用企业的记录来估计知识产权产品的固定资本形成。

> 建议 11：企业的资产购置记录只能极其谨慎地用于推算知识产权产品的固定资本形成总额。

4. 供给法

4.1 购置的知识产权产品

使用供给法估计购买的知识产权产品的固定资本形成总额的基本原则很简单，固定资本形成总额计算如式（1.1）。

固定资本形成总额＝国内生产＋进口－出口、住户的支出和为避免重复计算排除的部分　　　　　　　　　　　　　　　　　（1.1）

在国内生产中需要排除为了自用需要而生产的知识产权产品，以避免重复计算。国内供给和进口按照基本价格进行估值，基本价格再加上运输成本、批发和零售利润、产品税收减去产品补贴就得到购买者价格。

4.2 自产自用的知识产权产品

如前所述,用供给法还是用需求法估计自产自用的资产,无法区分哪种更好。同关注需求的微观法一样,关注供给的宏观法需要确定生产目标知识产权产品的在职人数和他们从事这些生产花费的时间比例,用以推导出劳动投入量。然后用劳动投入量乘以工资率,加上其他劳动成本,即为从事知识产权产品生产的总成本。自然,宏观层面和微观层面包含的成本的类型是完全一样的。两种方法唯一的区别在于信息来源方面。微观法是基于详细的调查回馈信息,而宏观法是基于从不同来源得到的比较综合的信息。例如,要估计员工用于为自身使用而进行的生产的时间比例,经常可利用调查数据得到的信息,不行的话也可以通过国际经验的经验法则得到。

估计自产自用知识产权产品的价值计算如式(1.2)。

自产自用知识产权产品的价值＝从事自用生产的职工总人数×职工的平均工资×用于生产自产自用知识产权产品自给性生产的时间比例＋用于自产自用知识产权产品生产的其他中间成本＋与自产自用知识产权产品生产有关的营业盈余(资本服务)(对非市场生产者而言只有折旧)＋生产中的其他税收(减补贴)　　　　　　　　　　　　　　(1.2)

很明显,尤其是软件,从事自产自用知识产权产品开发的个人的职业类别是多种多样的,同样用于这些生产所花费时间的平均比例也随着职业不同而明显不同。出于协调和测算的目的,限制那些需估计的做出显著贡献的员工的职业类别是明智的。鉴于不能单独收集这些信息,应该使用相关职业类别进行估计,这些职业类别是按照第88版国际职业标准分类(ISCO 88)划分的。

有几种估计非劳动性中间投入成本的方法,一种是参考从需求调查中得到的数据,但是当使用宏观法时,更好的选择是参考专门从事目标资产生产的企业的生产数据。

相同的方法同样适用于估计营业盈余。也就是说，通过假设营业盈余与劳动者报酬的比率与正在测算的行业中的比率相同，或者与根据专门从事目标资产生产的企业的生产数据得到的比率相同。因为相对于自给性R&D，为了自身使用而开发的软件更典型地是由一系列工业部门共同开发的（不是只有软件开发行业），因此，对R&D估价可能最好采用需求法，而对软件估价最好采用供给法。

要注意确保只包含自用生产活动，不应该包括用于直接出售的目标资产的生产活动，如定制的软件。

5. 知识产权产品国际贸易

5.1 国际贸易、固定资本形成总额和供给法

除了矿藏勘探与评估，其他类型的知识产权产品存在大量的国际交易。通常交易都是与知识产权产品的复制品有关，如软件包、音乐和电影唱片，或者由它们提供的服务；但是原件如R&D的交易是非常重要的。考虑到它们的重要性及使用供给法估算固定资本形成的普遍性，确保精确测算知识产权产品的进口和出口是至关重要的。

知识产权产品原件和复印件及它们提供的服务的交易都记录在国际收支平衡账户中的商品和服务中，国际货币基金组织发行的第6版《国际收支和国际投资头寸手册》（BPM 6）的第10章中描述了它们计入的类别。可惜的是，目前一般性收集的知识产权产品国际交易信息的详细程度，对于本手册中描述的目的而言是非常不理想的。

由于知识产权产品存在一个双重的分类，这种情况进一步复杂化——可记录为商品或服务，取决于它们载体的模式。这意味着，在实践中，汇编一种特定类型的知识产权产品，尤其是软件的总进口所需要的信息是从2种不同的来源得到的。

第1部分　知识产权资产的测度

估算国际服务贸易的一个重要信息来源是按照《国际服务贸易统计手册》（MSITS）进行的调查。这本手册2002版与1993版SNA和BPM 5保持一致，都包括扩展的国际收支服务分类（EBOPS）。后文针对国际贸易中3种主要类型的知识产权产品，描述了为什么目前这个分类体系中定义的产品组细目分类不能满足国民经济核算的目的。但是，扩展的国际收支服务分类和《国际服务贸易统计手册》（MSITS）的修订版最近已经获得通过，将来会改善这种状况，书中也描述了这些变化。

计算机软件和数据库

考虑到中间消耗和固定资本形成的明显区别，有效使用供给法估算固定资本形成时需要把生产者购置的产品进行分解：从概念和数据收集的角度看都应如此。从概念看，正如手册后文中进一步的详细描述一样，已经进行了这种分解，并且对此用扼要的详情进行展示，详情下面还标出了对应科目（在括号中），供生产者在购置账户中进行记录。

- 定制的软件和非定制的原件（固定资本形成）；
- 非定制的软件——直接销售其复制品及长期（超过1年）使用许可证（固定资本形成）；
- 非定制的软件——具有短期（1年或1年以内）使用许可证（中间消耗）；
- 非定制的软件——具有复制许可证（类似于经营租赁）（中间消耗）；
- 非定制的软件——具有复制许可证（不同于经营租赁）（固定资本形成）；
- 硬件及软件的咨询、实施和安装服务，准备使用的系统的分析、设计和编程（固定资本形成）；
- 计算机和外围设备的维护和修理；数据恢复服务，与计算机资源管理相关的建议事项；系统维护和培训等其他辅助服务；数据处理；网页主机服务；应用程序的规定，托管客户的应用程序，和计算机设备管理（中间消耗）。

但是，目前的 2002 版《国际服务贸易统计手册》（MSITS）提出的产品细目分类是经过更进一步汇总的。现行的 2002 版扩展的国际收支服务分类中包含了关于计算机服务的一种特殊分类，但是没有进一步细分。此外，该版本没有阐述基于磁盘等永久使用介质的非定制产品的使用许可证的交易，相反这类交易应记录为货物交易而不是服务交易。该版本也没有详述软件的复制许可证，虽然在谈及版税和授权费时有所提及[①]，其他不能单独识别的知识产权产品的情况也是如此。

然而，最新版的《国际服务贸易统计手册》（MSITS 2010）和相应的扩展的国际收支服务分类在一定程度上对经合组织工作小组的知识产权产品工作做出了回应，并且在这方面已经展开工作以更好地适应国民经济核算的需要。在 2009 年 3 月会议上，国际贸易统计跨部门工作组通过了扩展的国际收支服务分类中的许多更改。影响软件测算的更改包括如下方面。

• 一个单独的类别，复制和/或传播软件的许可证，在收取的知识产权产品使用费用的范围之内（以前版本中称为版税和授权费）；

• 把计算机服务分为计算机软件和其他计算机服务，分解后的计算机软件科目反映软件原件；

• 加入补充科目——计算机软件交易（包括复制/传播软件的许可证、计算机软件，重要的是计算机软件产品交易）；

• 加入下一级的补充科目——计算机软件使用许可证（包括所有的计算机软件使用许可证，不论其分类是商品还是服务）。

• 这样的分解将为使用供给法估算固定资本形成的质量提供了相当大的提升空间。

---

① BPM 6 中的使用知识产权的费用取代了 BPM 5 中的版税和许可费。

第1部分　知识产权资产的测度

娱乐、文学和艺术原件（视听产品）

国民经济核算对视听产品有关产品细目分类类型的要求，与对计算机软件的要求在本质上是相同的。同时，与软件产品一样，2002版《国际服务贸易统计手册》（MSITS）中包含了两个产品类型：即"视听和有关服务"与"版税和授权费"，其中可能包括了视听产品。

同软件产品的情况一样，产品分类是必不可少的，这有助于使用供给法估计固定资本形成。幸运的是，同软件产品一样，计划并一致通过的扩展的国际收支服务分类的修订版将改善这方面的状况。

- 一个单独的类别，复制和/或传播视听产品和有关服务的许可证，包括收取的知识产权产品使用费用；
- 把视听服务分解为视听产品和其他视听服务，分解后的视听产品科目反映视听原件；
- 加入补充科目——视听产品交易；
- 加入下一级的补充科目——视听产品使用许可证。

这种新的产品分类将大大地提高基于供给法估算固定资本形成的效果。例如，补充科目视听产品使用许可证将包括视听"商品"（CDs、DVDs等）交易，其他视听服务将单独记录为视听产品交易，如演员费用、加密电视频道的费用等，这些交易不应记录为固定资本形成。

R&D

2002版《国际服务贸易统计手册》中R&D交易分为3类：其他版税和授权费、R&D服务和非金融非生产资产的获得或处置。前两类位于经常账户中，第3类位于资本账户中。第6版《国际收支和国际投资头寸手册》（BPM 6）中R&D交易分为两类：知识产权使用费和R&D服务。就R&D而言，分类的主要变化是购买专利的费用从资产账户的非金融非生产资产项的获得或处置转变为经常账户的R&D服务项。

第6版《国际收支和国际投资头寸手册》（BPM 6）中 R&D 服务的定义比 2008 版 SNA 中和《弗拉斯卡蒂手册》中的定义更广泛，包括可能产生专利的测试和其他产品研发活动（参阅 BPM 6 第 10.148 段）。然而，计划修订扩展的国际收支服务分类（EBOPS），目的在于单独确认这些 R&D 服务内容，如下所示。

  10.1.1 为增加知识存量而进行的系统性、创造性工作

    10.1.1.1 提供的定制的和非定制的 R&D 服务

    10.1.1.2 销售 R&D 产生的所有权益（专利、版权等）

      10.1.1.2.1 专利

      10.1.1.2.2 版权

      10.1.1.2.3 工业流程和设计（包括商业机密）

      10.1.1.2.4 其他

  10.1.2 其他 R&D 服务（测试及其他产品／流程的研发活动）

5.2 知识产权产品在附属公司之间的流动

统计上相当大的一个挑战涉及坐落于不同国家的附属公司之间的知识产权产品交易。这一主要难点反映了隐形的或其他方式的有关被明确识别的知识产权产品的货币交易在任何交易一方都很少记录。当知识产权产品由一家附属公司提供给另一家附属公司时，要么作为一个整体提供，要么提供使用许可证或复制许可证，记录该交易时可能出现如下几种情况。

①提供方和接受方之间存在出售或许可协议：提供方提供知识产权产品使用权以换取费用，这些费用是可观察到的，应该记入国际收支及 SNA 的货物和服务账户中。

②在提供方和接受方之间存在一种资本转移，也就是说知识产权产品是作为一种礼物。这应记录在国际收支及 SNA 的资本账户中，但是很可能

第1部分 知识产权资产的测度

就没有记录。

③母公司把知识产权产品无偿提供给国外分公司,期望在未来获得产权收益。实际上,母公司是有偿提供知识产权产品,并把这些费用用于增加对子公司的国外直接投资。这部分也可能没有被记录。这和下面的情形中都涉及不收取明确的可观察的费用以获得复制使用权的方式。

④由国外分公司不收取费用提供给母公司的知识产权产品,作为对前期母公司的国外直接投资的回应。实际上,母公司接收知识产权产品替代产权收益。这部分也可能不被记录,除非采取监督措施,监督承担知识产权产品生产的外商独资单位的产出动向。

附属公司之间的交易也会影响知识产权产品原件的估值。实际上,当交易发生时存在如下两种可能。

①跨国公司内部资产总价值发生增长:换句话说预期的未来的收益现值增加了,正如可能发生的情况。例如,如果跨国公司收购得到一家新的分公司,从而获得在最初估值时没有预期的在一国内的经济权益。这部分将记录在提供方的资产物量变化的其他账户中。实践中很少存在这种记录。随之而来的一个统计难点是存在经济权益的不同国家之间的资产分离。

②跨国公司内部总资产没有发生变化:提供方在获得资产时希望通过某种方式共享。换句话说最初估值反映了其在不同国家之间的适用范围。

很明显最大的问题是存在隐形的或其他方式的资产流量。此外,在账户中完全显示这些流量的现行范围受限于有效测度这些流量的信息来源。

《国际服务贸易统计手册》(MSITS)的《服务贸易总协定》中包含经济体之间服务贸易的4种模式。与测算知识产权产品跨境交易最相关的两种模式是模式1"当消费者在本国境内而服务是跨境时发生的跨境供应"(MSITS第2.16段)和模式3"当服务是由跨国企业在本土提供、并通常与外商直接投资相关的商业存在"(MSITS第2.18段和第2.59段)。因此,与这些模式相关的统计对跨国知识产权产品交易的测算是非常重要的，尤其是对于附属公司之间的跨境交易。

在模式1中，交易量通过传统的跨国贸易统计得到，反映在货物和服务的进出口量。但是从统计的角度看，存在一些与区分不同类型知识产权产品的能力相关的重要问题，如前文所述。另外，在模式3中，如标题暗示的那样涉及外资子公司，这些数据由国外附属机构服务贸易（FATS）统计（MSITS第1.21段、第1.24段、第2.64段和第2.65段）和外国直接投资统计提供（MSITS第1.20段、第2.46段、第2.59段）。虽然这2种信息来源为记录附属公司之间的知识产权产品流动提供了可能性，但是仍需谨慎。例如，仅仅因为一家母公司为其附属的一家国外子公司提供了知识产权产品生产经费，不能表明生产的知识产权产品是要返回来供母公司所在国家使用的——虽然有可能是这种情况，但是它们自己的经费或外国直接投资数据不足以形成这个结论。

解决附属公司之间的知识产权产品流动的正确记录有关问题，重要的第一步是在服务贸易调查中分别确认它们之间的交易额。这为估价未记录的贸易流量提供了一个开端。

与知识产权产品有关的国际服务贸易统计很难与其他活动分离开，尤其是集团内部的服务。实际上，集团内部提供服务有时和货物或无形资产（或相关的许可证）转移相关。在某些情况下，专有技术合同就包含服务元素，很难确定所有权转移或许可证与服务转移之间的准确边界（经合组织2001：第1.42～第1.44段，第7.3段）。

显然国民经济核算应该反映经济现实，应该记录知识产权产品所有权的变化和相关的交易。但是，当前的数据来源通常不能确认如前面b、c、d类的交易，因此，国民经济账户中一般也不可能进行记录。还需进一步研究，以确定反映附属企业之间交易价值和交易性质的方式。同样，原则上如果资产总值发生变化，也应记录在国民经济核算中，但是由于缺少信息而无法记录,这也是一个需进一步研究的问题。

6. 价格和物量

价格和物量的确定很可能是与测算知识产权产品有关的最困难的测算问题之一。从本质上讲需要考虑如下3种情况。

①出售知识产权产品的原件。所有类型的知识产权产品中一少部分产品是这种情况。

②出售知识产权产品的复制品。大部分的软件和绝大多数的娱乐、文学和艺术原件是这种情况。

③自产自用的知识产权产品。例如,R&D、矿藏勘探与评估、数据库,并且很大程度上也包括软件。

每种情况下测算物价和物量都会引起不同的问题。后文简单考虑每种情况,但在手册后文中展开介绍每种类型的知识产权产品的有关细节。

6.1 出售知识产权产品的原件

这种情况下原则上至少可得到市场价格,但单独确认物价和物量存在困难,因为根据定义原件是唯一的。《生产者价格指数手册》[①]中第6.83~第6.86段讲述了如何推导唯一的工业产品的价格指数,对于具有明确定义的生产方式或者有限的生产方式的知识产权产品,可以使用一种或多种描述不同类型知识产权产品的方法来得到。但是,对国家统计局或者对调查对象来说,收集价格指数是要花费成本的。

知识产权产品原件的类型没有明确定义的生产流程,或其有很多生产

---

① 《生产者价格指数手册:理论与实践》(华盛顿:国际货币基金组织)。另参阅 OECD 的《生产者物价价格指数开发方法指导》http://www.oecd.org/dataoecd/44/40/36274111.pdf。进一步的《进出口价格指数手册》仍在修订中(截至2008年中期) http://www.imf.org/external/np/sta/tegeipi/index.html。

流程的情况下，应考虑其他解决方法。例如，也许可以利用利润数据推导价格指数——假设存在合适的物量指数。这些利润数据需要与一种类型的知识产权产品的市场生产者的生产联系起来，还需要一个与知识产权产品产出的物量增长充分接近的对应的物量指数。在美国，可取得工业"科学研究与发展服务"的利润数据（北美工业分类体系 5417）。在第 4 版国际标准工业分类中，"科学研究与发展服务"市场生产者在分类工业 72 下面。

> 建议 12：对于具有明确定义的生产方式或者有限的生产方式的知识产权产品，可以考虑采用《生产者价格指数手册》中推导唯一工业品的价格指数的方法。否则，应考虑其他方法。一种可能的方法是用拥有知识产权产品原件的市场生产者获得的收益来推导出一个价格指数和一个符合要求的产出物量指数。

6.2 出售知识产权产品的复制品

编制价格数据可得的非唯一产品价格指数的原则很好理解。2008 版 SNA 第 15 章 B 节给出了一个概述，《生产者价格指数手册》和 OECD 的《特征指数和价格指数质量调整手册》中给出了更透彻的解释。2008 版 SNA 第 15 章 C 节讲述了物量测度，第 15.149～第 15.156 段讲述了知识产权产品的物量测度。

实践中测度质量调整价格变化有两种主流方法：匹配模型法和特征价格法。特征价格法是基于回归技术，适用于广泛范围内的产品，但是最广泛应用于计算机和外围设备领域。匹配模型法的标准方法是选取一个固定的基准期，把后续时期内的产品价格与基准期相同产品的价格相匹配。在快速变化的市场中旧产品的消失、新产品的出现都在高频率地发生，很难

第1部分　知识产权资产的测度

建立起这个模型，软件和 R&D 就是这种典型情况。在这种情况下，匹配模型法很难得到质量变化。

另外，特征价格法假设每种产品包含大量可估计隐含价格或影子价格的可定义的特征，如此使得所有产品的价格变化可以分解为一个纯粹的价格变化和一个质量变化（与组成产品的成分/质量变化有关），使它们比匹配模型法更适合知识产权产品资产（有关两种方法的更多信息参阅附录A）。因此，对于价格数据可获得、品质快速变化的产品来说，特征价格法是估算物量的首选方法，如软件包就是这种情况。

> **建议13**：对于价格数据可获得、品质快速变化的产品（如软件包）来说，应使用考虑品质变化的方法推导其价格指数，如特征价格法。

6.3　自产自用的知识产权产品

许多知识产权产品是出于自身使用而生产的，因此没有可观测的价格数据。对于非市场产出，2008 版 SNA 在第 15.117 段提出了建议，其中一些经常适用于市场生产者不在市场上出售的产出。

15.117　实践中，编制非市场货物和服务的产出物量估计值有 3 种方法。第 1 种方法是设法得到一种虚拟产出价格指数，它与总投入价格指数的差异可以反映生产过程中生产率的提高。有若干种方法可用以计算该虚拟产出价格指数。例如，根据有关生产过程的生产率增长来调整投入价格指数，或者以相似产品的产出价格指数为基础计算虚拟产出价格指数的增长。然而，对于政府或 NPISHs 提供的货物和服务，这些数据很难获得。

第 15.118 段提出的第 2 种方法适用于个人服务和非市场生产者的集体服务，一般不适用于知识产权产品的生产。

第15.119段提出的第3种方法"投入法",当知识产权产品生产中符合要求的或者虚拟的产出价格指数不可获得时,可以使用这种方法。

计算虚拟产出价格指数的可能性取决于同类产品或类似生产流程中的合适数据是否可获得。当不可以获得产出数据时,只能使用投入法,别无选择。如果在完全竞争的市场中生产率发生增长,那么预计一个单位甚至一个行业的产出价格增长将低于投入价格的增长。因此,使用投入法而不是产出法,将趋向于降低产出物量的增长速率。但是如果市场是不完全竞争的,如 R&D 的情况,则投入价格和产出价格之间的关系尚不清晰。

> 建议14:对于难以获取价格数据的产品,如果可行,应计算虚拟的产出价格指数,否则的话应使用投入价格指数。

7. 资本测算

2008 版 SNA 中提到的资本测算包括固定资本形成、资本服务、净资本存量和固定资本消耗。第 20 章中描述了它们的定义及其角色。本手册中其他地方讨论了测算固定资本形成的方法,OECD 新编的一本《资本测算手册》中讨论了测算资本形成、资本服务和净资本存量的方法。

几乎所有国家都使用永续盘存法测算他们的资本服务、净资本存量和固定资本消耗。顾名思义,永续盘存法需累计随时间推移的固定资本形成,但是要考虑到资产效率和价值的下降,直到资产达到服务寿命终点并退役。永续盘存法通常在取得固定资本形成数据的最详细程度上可用于资产群组。

知识产权产品不会像其他固定资产(如汽车和建筑物)一样出现磨损,但是其价值会随着时间推移而下降。首先,它们会过时。例如,R&D,较新的 R&D 会产生新的产品或生产工艺,取代先前的 R&D 产生的产品或工

第 1 部分 知识产权资产的测度

艺。其次，其他单位可能不需付费就能开发出知识产权产品，因为专利或所有权已经到期，因此会导致所有者的收益减少。这导致产生资产价值下降和固定资本消耗（即折旧）。

永续盘存法的主要参数是包含相似类型的资产群组的预期服务寿命、由于老化导致的生产能力或效率下降的速率和由于老化导致的价值下降的速率。后面两个参数是相互依存的，它们的关系取决于贴现率①。在资产群组内并不是所有的资产都预期具有完全一样的服务寿命，因此通常指定一个概率分布函数②。永续盘存法中最重要的参数是服务寿命。进行资本测算时指定服务寿命为 10 年而不是 5 年，这会产生巨大的差异：净资本存量几乎翻倍，在典型的强劲增长情形下固定资本消耗明显变小。因此，服务寿命需谨慎处理。有几种估计资本服务寿命的方法，包括调查使用者、调查供应者和咨询专家。

年龄—效率函数通常是不可观测的，但是有些固定资产的年龄—价格函数是可观测的，并且能决定对应的年龄—效率函数，如机动车辆或建筑物。这很可能需要进行合理的调整，采用迭代法，直至得到一个似乎合理的年龄—效率函数，以至于对应的年龄—价格函数合理地接近观测数据。但是知识产权产品的年龄—价格函数是不易观测的，有两个原因：许多知识产权产品是为了自用而生产的，通常也不出售老化的知识产权产品。在缺少年龄—效率函数和年龄—价格函数的函数形式信息时，必须按照出现的合理信息做出假设。

可以表明，无论单一资产的年龄—效率函数的函数形式是什么，一旦作为资产群组考虑，资产群组中单个资产的服务寿命服从一个概率分布，则资产群组的年龄—效率函数和年龄—价格函数的函数形式将至少大致近似于一个具有相同下降速率的几何函数。因此，为资产群组的年龄—效率

---

① 在几何模型的情况下，年龄—效率函数和年龄—价格函数是相同的，不需要考虑折现率。
② 如果使用几何模型的话，不需要进行这一步。

函数和年龄—价格函数指定的几何函数是引人注目的,特别类似于知识产权产品类型的资产,这类资产的单个资产或资产群组的年龄—价格函数难以得到。该几何函数还具有比其他任何形式的函数都更易于应用的优势。

选择知识产权产品资产的函数形式时需要考虑的另外一个因素是当使用永续盘存法时哪种类型的函数适用于其他资产类型,对于知识产权产品类型几何函数形式可能是不可行的,对于其他资产类型一些其他函数形式也是不可行的。

在实践中,知识产权产品的服务寿命是难以观测的,需要使用一些方法进行估算,有几种近似估算的方法。不管采用哪种方法,很可能调查对象将发现报告他们认为的资产服务寿命比报告资产效率或价值下降的速率要容易得多。给出服务寿命,可以根据下面的式(1.3)计算对应的 δ 值:

$$\delta = X/N \tag{1.3}$$

X 是平衡下降速率,N 是资产群组的预期平均服务寿命。选取一个 X 值的有关建议参阅 OECD 的《资本测算手册》。

> 建议 15:当使用永续盘存法进行测算时,重要的是具有合理准确的服务寿命。几何模型具有很多优势,应使用几何模型进行测算,除非存在强烈的概念上或实践上的反对意见。

这里有两个问题值得讨论:失败研发的处理和政府生产的可免费使用的没用于直接生产中的知识产权产品的处理。2008 版 SNA 中第 12.55 段提供了处理"失败的资产"的例子,应从资产物量其他变化账户中注销,而不是按照等量的"成功资产"进行折旧处理。但是如上所述,知识产权产品资产不能分类为"失败的资产",因此,手册中建议测算成功和不成功的这些资产时都按照等量记录为固定资本形成(建议 8)。章节 2.2 中讨论了这部分内容。相同的争论点意味着相同类型的知识产权产品资产具有

第 1 部分　知识产权资产的测度

相同的平均服务寿命。成功的和不成功的资产都适用年龄—效率函数和年龄—价格函数。

有人可能认为政府生产的可免费使用的没用于直接生产中的知识产权产品应在它们可以免费使用时重新估值为零，因为这是它们当时的有效市场价格。但是在章节 2.2 中同样的争论（定义政府部分、政府的公共产品服务及实际测度中的困难）提出了其他方面的建议。因此，手册中建议政府生产的可免费使用的没用于直接生产中的知识产权产品应使用相同的平均服务寿命，应和政府应用于直接生产中的知识产权产品资产具有相似的年龄—效率函数和年龄—价格函数。

附录A 价格和质量的变化

匹配模型法

在典型的匹配模型中,基期的产品价格是与报告期具有相同属性或特征的产品价格相对比的。这样,价格差异产生是由于价格的改变而不是由于质量的改善。在现存的某种产品消失或者被某种具有不同特征的新产品所替代的情况下,现存的产品就要从样本中剔除而新产品要包括到样本中,以便在下一期中得以匹配。

在2个相邻时期的产品得以匹配后,拉氏价格指数 P_L、帕氏价格指数 P_P 及费舍尔理想指数 P_F 的表达式分别为式(A.1)、式(A.2)、式(A.3)。

$$P_L = \frac{\sum_i p_i^2 q_i^1}{\sum_i p_i^1 q_i^1}, \tag{A.1}$$

$$P_P = \frac{\sum_i p_i^2 q_i^2}{\sum_i p_i^1 q_i^2}, \tag{A.2}$$

$$P_F = \sqrt{P_L P_P}, \tag{A.3}$$

其中,p_i^t 和 q_i^t 是第 t 期的产品 i 的价格和质量,$t=1,2$。

拉氏价格指数第一期的质量 q_i^1 在两期都作为价格的权重,意味着价格的变化没有改变购买者的购买模式。因为这一假定不符合现实情况,所以拉氏价格指数一般情况下结果偏大,也就是说,真正的价格变化被夸大了。另外,帕氏价格指数一般结果偏小,因为它的价格是基于下一期的交易。费舍尔理想指数是对拉氏价格指数和帕氏价格指数的几何平均,是真实价格变动的很好的近似值,因为使用了替代效应。

第1部分　知识产权资产的测度

价格指数匹配模型的问题在于旧的产品消失或者新产品以高频率生产。价格指数仅基于几个时期内重合的产品并且忽略新产品的出现,这意味着在指数中实际出售的产品没有得到充分代表。解决这一问题的一个办法是对频繁重复采样和重复加权的产品计算链式指数。

特征价格法

特征价格法假定原则上每个产品都是由众多的特征组成的,对于每一个特征都可以估计一个价格,并且产品质量的改变可以视为是对该产品增加一个新的特征。由此产生的价格变化能够拆分成是由于增加了更好的质量特征还是由于普通的价格增加(降低)了。因此,质量的调整或纯粹的价格变化可以被计算出来(Hollanders,2001)。

一般而言,可以假设如下有关产品价格和质量特征的函数式(A.4):

$$p_{it} = f_t(x_{1it}, x_{2it}, ..., x_{kit}, u_{it}), t \in [0, T] \quad (A.4)$$

其中,P_{it} 是 t 期内各种产品 i 的价格,x_{jit} 是 t 期内各种产品 i 的质量 j,其中有 k 种不同的产品特征并且 u_{it} 是干扰测量的随机因素。

对于这一联系有多个函数形式,如半对数函数、线性对数和非线性对数函数。假定最方便的经验性的半对数函数形式已经给出式(A.5):

$$\log P_{it} = a_0 + a_1 x_{1it} + a_2 x_{2it} + ,..., + a_k x_{kit} + u_{it}, \quad (A.5)$$

其中,系数 a_j 现在可以解释为对每单位质量改变 j 的价格增加率的估计。

除了基年外每年都加上时间虚拟变量,如虚拟变量 D_t 在 t 年取值为 1,其余则为 0:

$$\log P_{it} = a_0 + a_1 x_{1it} + a_2 x_{2it} + ,..., + a_k x_{kit} + \sum_{t=1}^{T} a_{dt} D_t + u_{it}, \quad (A.6)$$

其中,系数 a_{dt} 是对 t 和 $t-1$ 年间的价格平均增长率的估计,将不同的质量 j 保持不变。

各种因质量调整产生的价格变化导致了对所有单个产品基年和 T 年间

因质量调整产生的价格变化的估计。

方程（A.6）的特征回归产生了对系数 a_k 的估计。在 t 期和 $t-1$ 期之间，质量变化的计算公式为：

$$g_{i,t-1}^{t}=\frac{\hat{p}_{it}}{\hat{p}_{i,t-1}}, \quad （A.7）$$

其中，$\hat{p}_{it}=f_t(x_{1it},x_{2it},...,x_{kit},u_{it})$，$\hat{p}_{i,t-1}=f_{t-1}(x_{1i,t-1},x_{2i,t-1},...,x_{ki,t-1},u_{i,t-1})$ 是基于估计系数 a_k 的对每期价格的预测。

t 和 $t-1$ 年间的观测价格指数可以用如下方程进行质量调整：

$$实际价格指数=\frac{观测价格指数}{质量变化指数}=\frac{p_t/p_{t-1}}{\hat{p}_t/\hat{p}_{t-1}}=\frac{p_t/\hat{p}_t}{p_{t-1}/\hat{p}_{t-1}}, \quad （A.8）$$

其中，p_t 指排除个体 p_{it} 编制出的 t 年价格指数。

特征价格法有大量且详细的数据集，因为必须要有每一个产品的详细特征。另外，一些产品的知识也是必要的，因此需要一定量的研究工作。这些要求使得特征价格指数的编制成本很高。

一个对套装软件的价格指数的对比研究表明，特征价格指数通常比对应的匹配模型下降的幅度更大。例如，德国的一项对数据库价格的研究表明，在1986—1994年用特征价格指数年均价格下降7.4%，而用匹配模型法只下降了4.4%。知识产权产品只用于自产自用。

第 2 部分　研究与试验发展

引　言

把 R&D 支出确定为资本形成，是 2008 版 SNA 的创新之一，也是这本手册的基本理论。2007 年联合国统计大会达成如下协议。

SNA 中 R&D 应视为固定资本形成。按照《弗拉斯卡蒂手册》关于 R&D 的定义①，即"为了增加知识储量而在系统的基础上进行的创造性工作，包括有关人类、文化和社会的知识，以及利用这些知识储备来设计新的应用"，人力资本不应作为资本计入 SNA。

依照惯例，由于大部分 R&D 产出是供自己使用的，应以成本进行估价；但是在实践中，可以使用根据《弗拉斯卡蒂手册》搜集的信息估算 R&D 支出。关于对《弗拉斯卡蒂手册》进行调整使其更加符合 SNA 需要的讨论正在进行中。为了推进这个建议付诸实施，需要制定一个更加详细的实施指南，这已经是会议达成的共识。

出售的或者预期在未来能给所有者带来经济利益的所有 R&D（包括由政府承担的属于公共服务产品的 R&D）都包括在资产边界范围内。而在完成之时不能给所有者带来可辨认的经济利益的 R&D 排除在外。

---

① 2002 版《弗拉斯卡蒂手册：研究与试验发展调查实施标准》。

由于R&D费用包含在资本形成中,专利实体将不再单独在SNA中确认,但是它们包括在R&D总资产内。

虽然许多国家强烈支持在SNA中采用这些建议,但是也有相当一部分国家认为由于一些难以克服的技术困难,这么做还为时尚早。总之,原则上R&D应被视为资本形成的一部分。但是考虑到要达到这一目标之前需要克服的重重困难,卫星账户将提供一种非常有用的解决方法,对测度结果给出适当的置信水平,且实施指南有助于确保国际可比性。因此,2008版SNA描述了R&D资本化及其基本概念,指出了实施时存在的困难,解决这些困难的有关工作正在进行中,许多国家要实施2008版SNA还需要一些时日。当实施细则被广泛接受时,国际国民核算工作组将会定期将实施进程向联合国安全理事会报告。

8. 量化影响

R&D资本化对GDP的影响取决于R&D生产相对于GDP的规模,一个近似的指标是R&D内部支出与国内生产总值的比值,即GERD/GDP[①]。不同OECD成员国的该比率值不同,图1为2008年OECD各个成员国的GERD/GDP值。GERD/GDP值最低的为墨西哥,约为0.5%;最高的为瑞典,接近4%;所有OECD国家的平均值为2.3%。该比值随时间变化不大,这表明在OECD国家R&D资本化对GDP增长率几乎没有影响。

需要注意的是,R&D内部支出与国内生产总值的比值只是衡量R&D资本化对GDP影响的一个近似指标,原因有两个方面:其一,R&D内部支出与国民核算中测度的R&D产出存在概念上的差别;其二,由于R&D产出是依据成本和测算,非市场生产者的产出中已经包含R&D支出。但是,R&D资本会产生固定资本消耗(折旧),由于对过去R&D资本形成的消耗,

---

① 从R&D调查中获得的另一个重要的经验请参考《弗拉斯卡蒂手册》。

非市场生产者的总增加值增加，但净增加值并不增加。在增长的经济体中，对过去 R&D 资本形成的消耗一般低于当前 R&D 支出，因此，对 GDP 的影响可以预计将略低于 GERD 占 GDP 的比例。

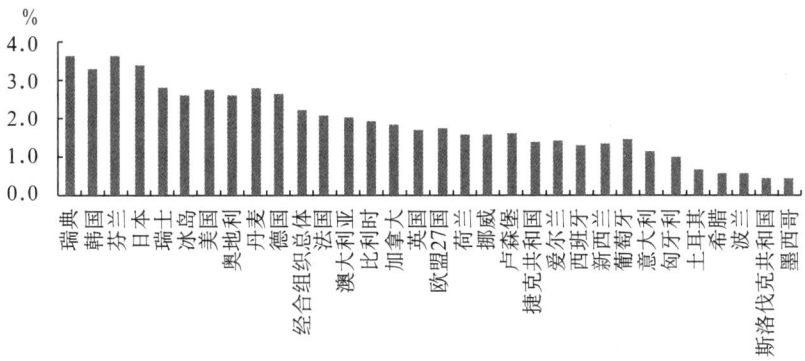

图 1　2008 年或最近年份 R&D 国内总支出占 GDP 的比例
来源：OECD, Main Science and Technology Indicators, June 2009.

9. 2008 版 SNA 中 R&D 固定资本形成的定义及范畴

2008 版 SNA 中 R&D 固定资本形成的定义及范畴叙述如下。

10.103　知识产权产品包括研究与发展（R&D）的成果。研究与（试验性）发展支出是指：为了增加知识储备（包括有关人类、文化和社会的知识）并利用这种知识储备开发新的应用，系统性地从事创造性工作而支出的价值。2008 版 SNA 中并未将人力资本包括在资产范围之内。研究和发展（R&D）的价值应该按照它未来预期可提供的经济利益来决定。政府获得 R&D 成果用来提供公共服务的情形也包括在内。原则上，不能向其所有者提供经济利益的 R&D 不形成固定资产，而应视作中间消耗。除非能够直接调查到 R&D 的市场价值，按照惯例，可以其费用之和对 R&D 进行估价，其中包括未成功 R&D 的费用。

10.105　由于 R&D 费用包含在资本形成中，因此专利实体不再构成资产。取而代之的是，要把专利权协议看作一种获准使用 R&D 的法律协议。专利权协议是使用许可的一种形式，要将其视为对服务或资产购置的支付来处理。

确定 R&D 支出是否应记录为固定资本形成的标准与其他产品一样，涉及的问题主要有：保养与维修、使用与复制许可、其他资产中包含的知识产权产品、未成功的开发活动的处置等相关问题，如同其他知识产权产品一样，这些问题也适用于 R&D。第 1 部分已经给出了上述内容的相关概念，本部分将简要介绍在实践中如何操作。特别指出，有两个涉及 R&D 固定资本形成范围的问题，一个是下面直接详细讲解的外溢，另一个是后面章节中详细讲解的资本消耗与资本形成之间的边界问题。

9.1 溢出

第 1 部分简要讨论了溢出（参阅第 1 部分专栏 1），并给出建议 4，即溢出不会使资产价值增加。由于发生外溢的其他知识产权产品大多数与 R&D 有关，这里将再次详细讨论。

许多 R&D 资产的一个特征是它们可以给除其所有者之外的其他单位带来大量利益却不需要支付报酬，这个特征使它们与其他知识产权产品区别开来。当 R&D 蕴含的知识被其法律所有者通过许可或出售专利的方式出售给其他单位时，这笔交易应像其他产品交易一样被记录。但是由于 R&D 的特征，R&D 中蕴含的知识可以被法律所有者之外的其他单位，通过非交易的方式获得。例如，所有者可以通过专利授权、免费使用或在公共领域把知识公开等方式让其他人也可以使用。法律所有者或许可使用者也可以通过把知识用在产品中而被其他人观测到的方式进行传播。

知识一旦被泄露，其他单位便可以通过多种方式从中受益。首先，不同国家在认可和保护企业的专利权方面有相当大的差异；知识在某一个国家通过专利受到较好的保护，但在另一个国家可能得不到同样的保护。其次，大多数新知识是在扩展或综合现有知识的基础上得到的。所以，如果有一家制药公司领先于其他制药公司引进了一种新型的重要药物，那么其他制药公司通常会依据此药物相关知识，努力研发更有效的相关药物类型。最后，当专利到期时，其他公司可以免费使用这些知识进行生产，从而与那些R&D所有者形成竞争，这在制药行业也是经常发生的一种现象。

除R&D所有者之外的单位在不需要支付报酬的情况下就可获益，这通常被称为溢出效应。其所有者仅仅获得总经济利益中的一部分，在SNA中仅是将这部分视为资本，而外溢不属于任何资产。

10.《弗拉斯卡蒂手册》数据的特征

在详细介绍一系列测度R&D的指南之前，首先介绍在《弗拉斯卡蒂手册》框架下搜集信息是非常必要的。在许多国家，该调查提供了丰富且容易获得的R&D信息。

前面提到的R&D内部支出数据是按照经合组织《弗拉斯卡蒂手册》的建议，通过开展R&D调查得到的。许多国家连续多年开展了这种调查，这为编制R&D卫星账户及估算R&D固定资本形成提供了非常宝贵的信息。虽然《弗拉斯卡蒂手册》数据已被证明用于国民经济核算存在一定缺陷。例如，Mandler和Peleg（2004），ABS（2004），Robbins（2006），Galinda-Reuda（2007），Tanriseven等（2008），但是可以成功地用于编制R&D卫星账户及估算R&D固定资本形成。

《弗拉斯卡蒂手册》数据中R&D支出分为内部支出和外部支出。内部支出指常住单位在执行R&D期间于单位内部发生的费用；外部支出指一个单位为获得其他单位生产的R&D而支付的费用，或者为其他单位实施R&D而拨付的款项。另外，《弗拉斯卡蒂手册》还测度了R&D内部支出的经费来源，这为估计R&D内部支出按执行者分类和按资助者分类的协调一致性提供了重要依据。

10.1 内部支出

《弗拉斯卡蒂手册》建议内部支出应该按照4种独立的方式进行分类（也就是作为一维的向量，而不是多维的数组）。

①按照R&D活动的3种不同类型应分为：基础研究、应用研究和试验发展；

②支出应按照社会经济目标进行分类；

③支出按照费用类型分类：日常性支出和资本性支出；

④支出按照执行部门分类：企业部门、政府部门、私人非营利机构、高等教育部门和国外机构[①]。

此外，《弗拉斯卡蒂手册》还给出了识别R&D支出的附加标准[②]（如下）。

《弗拉斯卡蒂手册》中第358段和第359段把R&D内部支出定义为：

①内部经费是指在特定的一段时间内，某一统计单位或经济部门内实施R&D活动的全部经费，不论其资金来源如何。②在统计单位或部门外部发生，但用于开展内部R&D活动的经费（如为R&D活动而采购供应品）计入R&D内部经费。日常性支出和资本性支出也都包括在内。

《弗拉斯卡蒂手册》中第361段~第388段介绍了R&D内部支出的组成部分，日常性支出和资本性支出可以进一步划分，日常性支出可以分为两类：

① R&D人员的劳动成本，R&D人员包括所有直接从事R&D的人员及提供直接服务的人员，如R&D管理人员、行政人员和文职人员等。

②其他日常性支出，包括支持实施R&D项目的中间消耗、行政管理费用和现场咨询费用。

---

① 推荐企业使用的第4个分类维度——产品领域——重点反映实施的R&D的实际产业方向。
② 一些国家收集了《弗拉斯卡蒂手册》中建议的所有或几乎所有的数据，一些国家收集的数据不够详细，还有一些国家收集了额外的详细数据。

第2部分 研究与试验发展

资本性支出包括3类：

①土地与建筑物，包括这些资产用于R&D项目的部分。土地包括建筑物下的土地，以及用于R&D项目的其他任何土地，如测试场地；

②仪器与设备，包括仪器与设备中带的软件；

③计算机软件，包括为实施R&D而购置的计算机软件，也包括对已购置的计算机软件支付的年度使用许可费用。

在3种类型的R&D活动（基础研究、应用研究和试验发展）中，《弗拉斯卡蒂手册》建议基础研究可进一步分为纯基础研究和定向基础研究。大多数OECD国家仅进行初级分类。纯基础研究是为了促进知识的发展，不考虑长期的经济利益或社会效益，也不致力于将其成果应用于实际问题或转移到负责应用的部门。定向基础研究的目的是期望能创造广泛的知识基础，以解决已知的或预料到当前、未来将发生或可能发生的问题。

《弗拉斯卡蒂手册》推荐的社会经济目标分类如下（参阅《弗拉斯卡蒂手册》第286段）。

①地球探测与开发；

②基础设施和土地利用的总体规划；

③环境治理和保护；

④人类健康的保护与改善；

⑤能源的生产、分配和合理利用；

⑥农业生产与技术；

⑦工业生产与技术；

⑧社会结构与关系；

⑨空间探测与开发；

⑩非定向研究；

⑪其他民用研究；

⑫国防。

当前能够搜集到这些数据的经合组织国家还不到一半①。

10.2 资金来源

《弗拉斯卡蒂手册》中第 389 段～第 407 段介绍了 R&D 资金来源，目的是识别所有计划用于或者明确已经用于执行 R&D 的资金直接转移，以及将它们按照来源归类。可以通过两种途径来测度这些转移。第 1 种是以执行单位为基础报告某一单位、机构或部门在特定时期内为开展内部 R&D 活动所接受的或即将接受的来自另一单位、机构或部门的资金总和，也包括本单位用于 R&D 活动的资金。第 2 种是以经费来源为基础，报告外部经费，它是指一个单位、机构或部门在特定时期内为开展 R&D 活动而支付或承诺要支付给另一单位、机构或部门的经费总和。需要特别指出的是，《弗拉斯卡蒂手册》中的"转移"比在 SNA 中具有更广泛的含义，主要包含如下两种类型。

①专门用于 R&D 采购的资金，即 R&D 成果属于 R&D 产出或产品的接受者，而不一定是 R&D 资助者；

②以拨款或其他金融激励形式提供给 R&D 执行单位的资金，这时 R&D 的成果属于 R&D 执行单位。

这些"转移"的含义与国民经济核算中的不同，国民经济核算中的"转移"不包括购买 R&D 的支出。但是在当前的实践中并非所有国家都能够提供上述相互独立的 R&D 购置资金和补助资金数据。《弗拉斯卡蒂手册》建议在可能的情况下，在企业部门的 R&D 数据中应区分上述两类政府 R&D 资金的转移。同样地，如果可能，对高等教育部门中来自政府的资金也应做类似处理。

---

① OECD 现今收集的数据是基于 2007 版 NABS（《科学规划和预算的分析比较术语》）。在此之前，数据收集都是基于欧盟统计局的 1992 版 NABS，请参考欧盟统计局 2008 年 10 月的 "2007 版 NABS 与 1992 版 NABS 的比较"。

第2部分 研究与试验发展

《弗拉斯卡蒂手册》建议应尽可能地按照R&D执行者分类以获得以下资金来源。

——企业部门

①母公司；

②同一集团内的其他企业；

③其他企业。

——政府部门

①中央或联邦政府（不包含一般大学资金）；

②省政府或州政府（不包含一般大学资金）；

③政府一般大学资金。

——私人非营利部门

——高等教育部门

——国外

①企业：

    a. 同一集团内的企业；

    b. 其他企业。

②其他国家政府；

③私人非营利机构；

④高等教育部门；

⑤欧盟；

⑥国际组织。

10.3 外部经费

《弗拉斯卡蒂手册》建议对外部R&D经费做以下分类。

——企业部门

①同一集团中的其他企业；

②其他企业。

——政府部门

——私人非营利部门

——等教育部门

——国外机构

①企业：

    a. 同一集团内的企业；

    b. 其他企业。

②其他国家政府；

③私人非营利机构；

④高等教育部门；

⑤国际组织。

11. 实践中测度 R&D 固定资本形成总额的指南

11.1 协调基于执行单位和基于资金来源报告的数据间的差异

有人可能认为一个国家基于执行单位报告的资金来源数据而估算得到的 R&D 总经费应该和基于 R&D 资金资助者所报告的外部经费估算的总值相等。实际上，由于某些原因，二者不可能相等。原因之一是，由于抽样误差和对 R&D 构成的不同解释等因素造成的测量误差。另一个重要原因是，国家 R&D 调查的范围限制在执行单位，而不包括购买 R&D 的非执行单位。因此，内部支出极可能被低估。此外，来源于执行单位的报告比来源于资助单位的报告要更加精确。尽管如此，考虑到执行单位并非总是能够准确地确定资金的最终来源，外部支出数据可以很好地用来验证资金来源的分布情况。

第 2 部分 研究与试验发展

如前所述,执行者报告的资金来源数据和外部支出都包含R&D补助金及购置费用,但只有少数国家对此进行区分。出于国民核算的目的,必须对以前的做法进行纠正。除非有其他国家把这些做出区分或者在这方面进行了信息补充,否则,较合理的选择是假定非政府部门的R&D执行者的支出主要是用于购买R&D,而政府部门几乎不购买R&D。另外,对于内部经费,问题存在于不同的部门划分,尤其是高等教育部门。

由执行者报告的用于开展R&D的经费支出为一个国家通过总成本估算R&D产出提供了大量所需数据。将估算的R&D产出和R&D进口总额相加,可估计R&D的总供给,然后再用商品流法按照不同的使用类别进行划分,包括固定资本形成总额。要实现这些需要3个基于《弗拉斯卡蒂手册》–SNA的桥表。

- 《弗拉斯卡蒂手册》的部门与SNA的部门之间的桥表;
- 《弗拉斯卡蒂手册》的R&D支出与SNA的产出之间的桥表;
- 《弗拉斯卡蒂手册》的R&D经费和资金来源分类与SNA的供给使用表之间的桥表。

《弗拉斯卡蒂手册》的附录3介绍了SNA与《弗拉斯卡蒂手册》处理R&D的相似点和不同点,讨论了两个体系中部门分类的差异及SNA中的产出与R&D内部支出的差别。

11.2 确定哪些R&D支出应被记录为固定资本形成

R&D资产的所有权可以通过专利或其他方式使其合法化,如通过在《科学》杂志上发表R&D成果。但是,大多数R&D产出是不受法律保护的,因为所有者认为这么做并不能使其获得最佳利益。法律保护是昂贵的,且必须公开R&D成果。而且,如果所有者期望通过R&D成果获取经济利益的时期相对较短,就没有必要寻求法律保护。因此,由于缺乏法律保护,将R&D成果的购买者视为所有者或者自己生产供自己使用的情况下,将R&D生产者视为所有者,这种假设似乎是合理的。

对于R&D产出所有者而言,特别是基础研究产出的所有者,他们的成果可以免费供别人使用,这不是罕见的事情。这可能是由于渴望造福社会,也是政府和非营利机构(NPISHs)共同的目标,或者可能是因为所有者希望因此受益。所有者期望自己能够第一个公布成果从而提高他们的声誉,并因此受益,或者从把成果提供别人使用的活动过程中受益。研究人员发现如果他们不与其他研究人员分享成果,那么其他研究人员也会这样做,所以只有相互合作才会保证他们的最佳利益。在任何情况下,知识可以免费使用并不排除知识作为一种资产为所有者带来预期经济收益。为确保获得预期效益,重要的是对知识资产进行有效管理和控制。

如果知识只是免费地供使用,不能给所有者带来预期的经济效益,那么在SNA系统中就不能视为资产。市场生产者通常不是无私的,他们希望从R&D成果中获得几乎所有的经济利益。但是对于非市场生产者来说,重要的是确定所有者是否能从R&D成果中获得经济利益。例如,假如政府执行或者资助的R&D(如医学研究),目的是使用知识来增加产出(如医院或医疗服务的产出)或者降低成本(如通过向私人医疗机构提供免费的医学研究成果使其向公众提供医疗服务),那么政府就获得了一项与预期经济效益相当的R&D资产。但是如果政府执行或资助的R&D属于不涉及直接生产的领域,或者该知识服务于公众也不收取报酬,这种R&D支出就不能被视为投资。正如章节2.2所描述,这与狭义角度的政府角色和经济利益含义相对应。另一种观点是由于提供了一项公共产品,这类支出应被记录为投资,而实际上,生产者使用该知识为公众提供服务,政府是否支付给生产者,这并不是一个相关的标准。

幸运的是,明确政府角色这个问题不是那么重要,这最终是一个哲学讨论的问题。本书中利用2种不同的方法最后得出一个非常实用的观点。

第 2 部分 研究与试验发展

结论是，IPPs 工作组人员认为可利用的数据来源是否可以用来测度非市场生产者的固定资本形成，这要基于对经济利益的更严格的解释（专栏 3 对此有详细描述）。鉴于目前只有一半的经合组织国家拥有这些数据来源，评估的结果是推荐使用一个实用的方法，即非市场部门的大多数 R&D 支出应被记录为固定资本形成。

建议 16：当所有者可以有效地管理和控制 R&D 产出以确保获得预期收益时，资产的所有权就产生了。要保证这一条件，除了取得 R&D 专利之外还可以有许多别的方法，如在科学杂志上发表 R&D 成果。通过这样做可以防止其他人来争夺所有权。

建议 17：作为一个实用的解决方案，当知识产权保护不能清晰地分配 R&D 成果的收益权时，购买者应视为经济所有者，或在自己生产供自己使用的情况下生产者应视为经济所有者。

建议 18：当经济所有权存在时，确定 R&D 是否可以资本化的唯一问题是该资产是否能为其经济所有者带来经济利益。当它通过提高生产率或者降低成本的方式为所有者带来经济利益时，就应该资本化。

实践中，以下建议对市场生产者和非市场生产者同样适用。

建议 19：在一般情况下，所有购买的或者为自己使用生产的 R&D 都应被视为固定资本形成，除了为出售而生产的 R&D 原件（这时应被记为 R&D 成果购买单位的固定资本形成）。

专栏3　关于非市场生产者R&D的早期观点

实际上，最终由实用主义推动的，把非市场生产者的所有R&D支出都记录为固定资本形成的建议是存在争议的。OECD的R&D工作小组早期倾向于不把非市场生产部门的所有R&D支出都记录为固定资本形成，并研究出一种基于社会经济目标数据测度非市场部门固定资本形成的方法。这种方法提供的结果相对稳健，但最终由于两个因素导致OECD的R&D工作组重新审视这种方法：第一，概念上的持续争议，延伸到如何解释非市场生产部门的经济利益；第二，一半的OECD国家尚无这些估算所需的数据，这也许是最主要的原因。然而，抛开这个把非市场生产者的所有R&D支出都记录为固定资本形成的建议，本手册中描述的上述方法对后人来讲是很有启发性的。

R&D支出是按照社会经济目标分类记录为GFCF，还是按照活动类型（基础研究、应用研究和试验发展）记录为GFCF，R&D工作组研究认为应基于对于经济利益的严格解释。调查显示，按"类型"分类的数据不是一个特别好的来源，因为并非所有的基础研究、应用研究和试验发展满足更严格的经济利益的解释。但是，按照社会经济目标分类的数据却可以得到有意义的结果。

R&D工作组认为政府/非营利机构可以从从事社会经济目标中的活动2～活动4、活动8和活动12（它们主要的活动）及活动1和活动5（通过征收矿产开采开发特许费），从而获得经济利益（基于严格的经济利益解释）。相反，政府/非营利机构很少从事农业、工业生产及社会经济目标中的活动6和活动7，因此R&D工作组认为与此相关的支出不能作为固定资本形成。社会经济目标中的活动9和活动10也是如此，工作组同时建议分类最为复杂的社会经济目标中的第11项，应尽可能

第 2 部分 研究与试验发展

地分配到其他 11 个社会经济目标中。

社会经济目标数据的来源：一种是 R&D 执行单位调查，另一种是按照社会经济目标分类的政府 R&D 预算拨款或决算（GBAOBD）。《弗拉斯卡蒂手册》认为前者的数据质量高于后者，并与其他执行者的数据一致。R&D 调查时，高等教育部门和其他一般政府部门有单独的按社会经济目标分类的数据。与之相反，GBAOBD 具有另外一个社会经济目标类别"一般大学资金资助的研究"，该类别包括了大量由政府资助高等教育部门开展 R&D 的资金，大多数国家没有对此根据社会经济目标进行进一步分类。GBAOBD 作为一种社会经济目标数据的来源，只适用于中央政府。调查还显示，根据 GBAOBD 得到的按照社会经济目标分类的数据实际上没有很好地按照社会经济目标分类。不管怎样，几乎所有的 OECD 国家都有 GBAOBD 数据（同时只有不到一半的 OECD 国家有针对 R&D 执行单位的调查数据）。这些数据比执行单位的数据更及时。最后，数据是基于资助单位而不是基于执行单位。

与内部支出有关的执行单位的数据，需要结合政府和非营利机构购买和出售 R&D 的数据做进一步的调整。R&D 工作组认为可以基于将外部经费分解为赠予和购买做第一次调整，但是外部支出不能按照社会经济目标分解，因此进一步假定购买者出于自身利益购买 R&D 产出（构成购买者的固定资本形成）。然后基于可以分解为赠予和购买的经费来源数据做第二次调整。R&D 工作组假设政府和非营利机构卖出的 R&D 成果显著地与市场生产者最感兴趣的那些社会经济目标领域相关，即社会经济目标的 6 和 7，因此，建议根据社会经济目标将内部经费分为 2 个部分：一是可以计入固定资本形成总额的部分（社会经济目标的 1～5、8、11 和 12），二是可以计入最终消耗额的部分（社会经济目标的 6、7、9 和 10），另外，卖出的 R&D 的价值，应从第 2 个小计中减掉（如果卖出的 R&D 的价值超过第 2 个小计，应从第 1 个小计中减掉）。R&D 工作组进一步推断由于缺少按照社会经济目标分类的执行者的数据，GBAOBD 应适用于政府部门。GBAOBD 数据与执行单位的数据经常是不一致的，所以使用 GBAOBD 数据按社会经济目标分类的比例，来分解政府部门内部经费和外部经费的总和，以获得按照社会经济目标分类的经费数据。像调整按照社会经济目标分类的执行单位数据一样，政府 R&D 成果出售数据可以根据同样的方式进行调整。如前所述，GBAOBD 数据的一个缺点是政府提供给高校的经费大多集中于"一般大学资金资助的研究"，没有按照社会经济目标进一步分解。在这种情形下，可以根据现有数据推算出按照社会经济目标分解的数据。一种可能是对执行者的 R&D 支出按照社会经济目标进行分类。另一种可能是利用年度报告信息。由于缺少非营利机构按照社会经济目标分类的数据，因此，建议使用现有数据推算出按照社会经济目标分类的数据。

11.3 其他固定资产的重复和漏算

从某种意义上讲，在国民经济核算中所有的资本形成都存在重复（或多倍）计算。资产的生产被记录在总增加值和 GDP 中，在以后的时期中可以为产品、服务及其他资产的生产提供资本服务。因此，随着时间的推移可能存在多倍计算。这就是为什么把 R&D 计入资产范畴会提高 GDP，以及为什么要优先估算净资本消耗的原因。

从国民核算的角度看，购买的其他单位的 R&D 应记录为固定资本形成还是消耗要视情况而定。但是根据第 1 部分中的讨论，得出建议 3。

一般情况下，无论是购买的或者是为了自己使用而生产的知识产权产品，如果预期能为所有者带来经济利益，那么所有支出都应记录为固定资

第2部分 研究与试验发展

本形成。只有在以下情况下不记录为固定资本形成：专门生产一种知识产权产品并用来出售的单位要记为费用，或者明显地包含在另一种产品中的产品，如购买的软件嵌入出售的计算机中，或者其他特殊信息，如1年或1年以下的许可。

根据上述建议，如果预期能为所有者带来经济利益，那么所有的R&D支出都应被记录为固定资本形成，除非购买或生产R&D的目的是用于未来出售。这种情况最可能发生于科学、研究和发展行业（SR&D）（ISIC第4版第72类）的市场生产者，但并不是经常出现。例如，R&D行业中的新兴公司在进行所有销售之前，可能开展R&D以供未来的生产和销售，在这种情况下，R&D都应被记录为资本形成。因此，除非存在特定的、可用的、与之相反的信息，否则R&D行业中的企业购买的R&D都不能被记录为固定资本形成，如一个单位取得专利，并卖出使用许可的情况。

> **建议20**：假设SR&D行业（ISIC第4版第72类）中的市场生产者执行R&D是为了出售，购置的任何R&D都包含在出售的产品中，除非存在特定的、与此相反的信息，否则这些单位购买R&D或者开展R&D的所有费用都应被记录为中间消耗或其他方面的支出。只有存在特定的、可用的、与之相反的信息时，R&D的购置才被记录为固定资本形成，例如，由新兴公司执行的还未出售的R&D，或者一个单位取得一项专利并出售使用许可的情况。

另一个问题涉及当利用成本估算固定资本形成时，如何处理生产两种或两种以上的资产时发生重复计算的成本。当自行开发软件来实施R&D时，这种情况很容易发生，反之亦然。章节1.4主要讨论这个问题。

11.4 使用许可

目前，依据《弗拉斯卡蒂手册》开展的调查中不能得到用于估算出售R&D使用许可收入的数据，因为经费严格用于开展当前的R&D。获得这些数据，一种方式是从R&D执行者那里获得他们卖出使用许可的详细信息，以确定是否满足SNA关于使用许可固定资本形成的条件，并且要有出售该使用许可所对应的收入数据。这些数据可以用来合理估算来自国内的R&D使用许可的总固定资本形成（假设进口除外），这将排除来自国外的R&D使用许可的总固定资本形成，且没有按行业（也可能是部门）的分类数据。另一种方式是获得经济普查中支出方面的详细数据，如软件支出数据。最好是结合使用这两种方式，并相互印证结果。然而，在着手做这些之前，最明智的做法是要通过主要R&D执行者的信息，估算出使用许可的总固定资本形成的总量。

11.5 复制许可

2008版SNA中建议，如果许可合同允许被许可方复制原件，继而假定他们负责复件的传播、支持和维护，这样的许可被描述为复制许可，应视为向持有复制许可证的单位出售了部分或全部的原件。但是，如果被许可方只是简单地复制和传播这些复件而不进行后续的支持和维护，那么就不存在所有权的变化，被许可方对许可方的支付应该记录为中间消耗而不是固定资本形成。

《弗拉斯卡蒂手册》调查的数据不包括复制许可的收付款信息，使用许可的解决方案可以用于复制许可。就像评估使用许可时一样，最明智的做法是通过主要R&D执行者的信息，以估算出复制许可的固定资本形成的总量。

12.《弗拉斯卡蒂手册》中的部门与 SNA 部门之间的桥表

表 1 描述了《弗拉斯卡蒂手册》中的部门与 SNA 部门之间的关系。从表中可以看出,《弗拉斯卡蒂手册》中的一个部门与 SNA 中的多个部门相对应。最值得注意的是高等教育部门。可以通过以下方式细分高等教育部门以消除这种差别。

①公司和准公司（包括市场型非营利机构）；

②一般政府单位（包括由政府控制的非营利机构）；

③为住户服务的非营利机构。

表 1 《弗拉斯卡蒂手册》和 SNA 部门之间的对应关系

OECD《弗拉斯卡蒂手册》	SNA
企业部门	非金融企业
	金融企业
政府部门	一般政府部门
私人非营利部门	为住户服务的非营利机构
	住户①
	非金融企业
	金融企业
高等教育部门	公司和准公司
	一般政府部门
	为住户服务的非营利机构
国外	其他国家

---

① 由于没有进行调查，家庭内部的 R&D 支出被认为是零。

实际上，《弗拉斯卡蒂手册》的第 227 段和第 228 段已经在这方面迈出了一步："对于某些国家，为进行国际比较，对公立大学与私立大学进行区分是很有益处的。"由于 R&D 调查数据是从各个机构搜集来的，对于大多数国家而言进行必要的进一步分类是可行的。对于那些企业注册记录了部门代码的国家，可以直接进行上述分类；而对于其他国家还需要采用其他办法。

13.《弗拉斯卡蒂手册》中 R&D 内部经费与 SNA 中 R&D 产出之间的桥表

13.1 估算 R&D 产出

正如第 1 部分所述，SNA 建议供自己最终使用的资本形成，应以可在市场上出售的基本价格进行估算，如果无法得到此价格时，应以由生产总成本之和估计的基本价格进行估算。

正如后面所述，基于《弗拉斯卡蒂手册》的 R&D 调查为利用成本之和法估算供自己最终使用的资本形成提供了主要数据。但是，《弗拉斯卡蒂手册》中的 R&D 产出反映了"新" R&D 的开展，不包括销售使用许可或者复制许可对应生产的产出，而这些产出是包含在 SNA 定义的产出中的（所有的使用许可和不属于固定资本形成的复制许可）。

产品和服务的中间消耗

中间消耗的范围与《弗拉斯卡蒂手册》中其他日常支出的范围非常相似，但核算原则不同。当利用成本和法测算 R&D 产出时，2008 版 SNA 建议汇总某时间段实际使用的投入成本。然而，《弗拉斯卡蒂手册》建议测度某时间段发生的所有支出。因此，原则上需要根据投入的存货变化来对《弗拉斯卡蒂手册》中的数据进行调整，但是在实践中这是微不足道的，

第 2 部分 研究与试验发展

可以忽略。

其他日常支出包括中间投入及提供间接服务的员工劳动力成本，如安保和餐厅工作人员。出于国民核算的目的，这些成本应该计入雇员报酬和增加值。但是，至于它们计入总成本的哪个部分，与产出和固定资本形成测度无关。

《弗拉斯卡蒂手册》建议 R&D 支出应按照成本要素记录[①]，不包括增值税和其他类似的消费税。但是，中间消耗的估算是基于购买者价格的，R&D 调查数据中遗漏了其他税收减去生产补贴，但是这些数据可以用于测算单位的中间消耗，因此应加上。

其他日常支出包括对知识产权使用许可费用，不包括满足固定资本形成标准的软件许可费用。然而，2008 版 SNA 认为部分使用许可费用应被记录为固定资本形成而不是中间消耗。理想情况下，按照建议 20 中推荐的方法处置 SR&D 行业中市场生产者购置的 R&D，应对 R&D 调查修正，以单独确认这些支出，并收集相关信息用于鉴别知识产权使用许可是否应看作固定资本形成。然而，在着手进行这些之前，首先提倡进行试点调查，以确定估算固定资本形成的总量有多大。

购置的用于 R&D 生产过程的 R&D 产出

GERD 是将所有常住 R&D 执行单位的内部支出加总。由于内部支出不包括购置的《弗拉斯卡蒂手册》概念上在同一报告期内生产的 R&D 产出，因此 GERD 避免了支出方面的重复计算。同样，GERD 也不包括被 R&D 执行者作为生产投入而进口的 R&D[②]。

---

① 1968 版 SNA 中建议用要素成本法估计国民收入和产出时，要扣除税收减少生产补贴。但是，1993 版 SNA 和 2008 版 SNA 均没有这样建议。
② 对于购买的与内部 R&D 活动非常接近的服务，内部支出和外部支出之间的界限并不是很清晰。如果这些服务是独立的 R&D 项目，大多数情况下被记录为外部 R&D 支出；如果是内部 R&D 活动中必要的特定任务（不一定是 R&D），但是被承包出去的，则通常被记录为 R&D 内部支出（其他经常性支出）。

但是，在 SNA 中，当用成本之和测度产出时，所有的成本都应包括在内，而建议 19 和建议 20 中提出的购买其他单位实施的 R&D 应被记录为固定资本形成，R&D 行业中的市场生产者开展的 R&D 除外。因此，利用成本和法测度产出时，应包括购买 R&D 的资本服务成本，SR&D 行业中的市场生产者购买 R&D 的资本服务成本除外，这些应被记录为中间消耗。

员工报酬

《弗拉斯卡蒂手册》的 R&D 调查中，列入 R&D 执行工资表中，或 / 和得到外部资助（如研究奖学金）的直接雇佣的研究生应包括在内。但是员工报酬不包括外部经费，要使其包含在内，需要重新处置研究生获得的外部经费，并把它记录为从 R&D 资助者到执行者的日常性转移经费。

资本服务、固定资本消耗及净资本收益

资本的使用成本[①]（即固定资产提供的资本服务价值）等于固定资本消耗与净资本收益之和。如前所述，2008 版 SNA 建议当利用成本和法测度市场生产者的产出时，应加上资本服务价值，但是测度非市场生产者的产出时，假定净资本收益为零，资本服务价值等于固定资本消耗。

测度 GERD 时，《弗拉斯卡蒂手册》包括了用于固定资产（除 R&D 和自己研发供自己使用的软件外）和土地的资本性支出。当利用成本和法测度总产出时，这些支出不应包括在内，但应包括固定资产提供的资本服务成本。估算资本服务价值的一种方法是，根据《弗拉斯卡蒂手册》调查报告中的以前各期的资本支出情况，利用永续盘存法(PIM)进行估算。为此，需要对《弗拉斯卡蒂手册》调查的数据做进一步分类，使之能够将具有不同长期价格变化和不同服务寿命的部分进行区分。至少应按照以下建议进行分解。

---

① 请参阅 OECD 出版的资本测算手册。

第2部分 研究与试验发展

——土地及建筑物

①土地；

②建筑物。

——仪器及设备

①运输设备；

②办公用仪器和设备；

③无线、电视和通信设备；

④其他仪器和设备。

——软件

对于以前的资本支出进行分解需要估算，如前所述，购置的R&D需单独确认。

估算资本服务价值的其他方法是利用估计的资本服务价值或者SR&D行业（ISIC第4版第72类）总营业盈余与劳动投入或产出的比例进行推算。另外，还可以采用混合的测度方法，利用R&D执行者的数据推算出固定资本消耗，以及根据SR&D行业的资本服务净额或营业盈余净额进行推算。

选择不同方法时应注意考虑如下因素。

① ISIC第4版第72类行业的资本密度可能与其他R&D执行者不同，因此，采用第72类行业的资本服务或总营业盈余与产出或劳动力成本的比例可能不合适；

②营业盈余与产出或劳动力投入的比率会逐年变化，另外，用第72类行业的数据可能不能说明其他行业的R&D活动；

③R&D是一项高风险性活动，参与者期望获得更高的回报率。这意味着，如果采用第1种方法确定市场生产者的资本回报率时，应使用一个相对较高的报酬率。然而，为便于实践，建议采用与其他固定资产相同的报酬率。

总地看来，应首选《弗拉斯卡蒂手册》调查搜集的固定资本形成数据，利用PIM法进行估算。因为基于《弗拉斯卡蒂手册》的调查能够提供足够详细的固定资本形成的分类数据。

关于《弗拉斯卡蒂手册》资本支出数据还存在另外一个问题：即忽略了固定资本和土地的出售。一般情况这些是微不足道的，但如果可能的话应该加以考虑。

原则上，过去的R&D有助于未来的R&D，因此这些资产在估算资本服务时也应包含在内，但实践中一般难以测度。因此，按照惯例，这些支出可以忽略，除非出现特定的、可用的信息。

其他税收减去生产补贴

不包括在内部支出中的任何形式的其他税收减去生产补贴都需要计算进来，以得到基本价格的产出。《弗拉斯卡蒂手册》建议R&D支出应按照要素成本记录，因此不包括增值税（VAT）及类似的销售税，无论这些税收是否返还。然而，一些生产税包含在日常支出中，如工资税包含在劳动力成本中。另外，其他生产补贴（即生产补贴而不是产品补贴）不从支出中扣除，但视为一种经费来源。R&D生产补贴可能相当可观，应对其加以考虑。需注意的是，应付税收抵免（见2008版SNA第22章）应记录为补贴。

《弗拉斯卡蒂手册》的GBOARD按社会经济目标分类部分，已给出了关于政府资助其他行业开展R&D的详细信息（见《弗拉斯卡蒂手册》第8章），这些信息也包含了联系两个体系所需的必要数据。短期内，如果无法获取这些数据，可以根据国民核算中补贴的数据进行估算。

税收减产品补贴

用于出售的R&D产出应以购买者价格记录。因此，任何税收减应付的R&D产品补贴都应记录在内。

14.《弗拉斯卡蒂手册》中 R&D 支出和投入资金分类与 SNA 中供给使用表之间的桥表

14.1 R&D 供给

供给使用表提供了利用商品流估算 R&D 固定资本形成的方法。然而，由于 R&D 内部支出通常忽视了供给使用表中的其他部分，对于大多数国家而言，更现实的做法是通过调整 R&D 调查估算 R&D 内部支出。《弗拉斯卡蒂手册》详细的经费支出和资金来源数据为编制 R&D 供给使用表提供了所需的主要数据。

R&D 产出

根据 R&D 产出和进口之和可以得到 R&D 总供给。与《弗拉斯卡蒂手册》和 SNA 的术语一致（Moris，2008），R&D 产出可以分为 3 类，分别为：

①供自己使用的；

②定制的；

③投机性的。

供自己使用的 R&D 是由内部生产（FM 中术语"执行"）和内部使用的，不考虑资金来源（不论来自内部或者外部）。定制的 R&D 通常是依据合同，为另一个单位生产。投机性的 R&D[1]是指自筹经费进行研发，不供内部使用，也没有提前预定有保证的买家[2][3]，如商业化 R&D 服务提供商（当然，进行投机性 R&D 的单位也会根据合同定制开展 R&D 活动）。投机性的 R&D 的内部支出包括仅以获得使用许可和复制许可为目的而创新设计的原件。

---

[1] 这个术语与 SNA 中用于建造住宅和其他建筑物及结构的术语一致。
[2] 2008 版 SNA 中确认了投机性资产生产（如见第 10.55 段。译者注：此处应该为 2008 版 SNA 的第 6.140 段）。Mohr and Murphy（2002）认为投机性知识产权产品属于产品分类体系。
[3] 根据这里的定义，直到客户成功将知识成果商业化才向卖家付款的 R&D 合同应归类为投机性的 R&D。

除原件的潜在价值外，内部支出不包括任何复件价值。但是在 SNA 意义上，投机性的 R&D 包括所有在报告期内生产的复件的价值（使用许可和不属于固定资本形成的复制许可）及原件的价值（或者在与生产有关的时期内发生的成本）。

原则上，投机性的 R&D 和定制的 R&D 的产出在交付最终使用者使用之前应被记录为存货（已完成的或正在进行的 R&D）。但是在实践中，实施难度通常会大于收益。

所有 3 个类别主要来源于基于《弗拉斯卡蒂手册》的 R&D 调查数据。在一般性经济调查和国际服务贸易调查（SITS）的出口数据中，也有望报告定制的、投机性的 R&D 的交易情况。一般性经济调查或 SITS 报告的定制的 R&D 价值原则上应与基于《弗拉斯卡蒂手册》的 R&D 调查中报告的资金数据相一致。但是，投机性的 R&D 不必如此。R&D 调查报告的是投机性的 R&D 的实施成本，而一般性经济调查或 SITS 报告的价值将是出售价格。基于《弗拉斯卡蒂手册》的 R&D 调查报告的资金投入数据是用于开展现在或者未来的 R&D——而不是过去的 R&D。因此，已出售的投机性的 R&D 的费用并不包含在 R&D 执行者所报告的资金投入数据中，而应包含在购买者的外部支出中（如果购买者也实施 R&D 活动并属于 R&D 调查范围）。理想情况下，应该使用销售价格来衡量投机性的 R&D 的产出，但是通过综合各种不同来源的数据以达到这个目标可能是非常困难的。在任何情况下，都需要注意避免重复计算。

R&D 进口

正如前面段落中提到的，R&D 服务产出有 3 种类型。其中，只有两种与以购买、转让（礼物）或许可交易为形式的进口有关：定制的 R&D 和投机性的 R&D。更具体地说，定制的 R&D 进口包括购买原件，而投机性的 R&D（SNA 概念中包括：购买、使用许可或复制许可或以礼物的形式

第 2 部分 研究与试验发展

获得）包括原件或副本。其中一些进口交易尤其是与附属公司之间的交易和/或包含转让或礼物形式的交易可能不会被记录，或者难以与公司、行政管理部门（如税务机关、海关）或统计调查记录中的其他活动相区分。包含在进口交易中当前和先前的 R&D 产出可以被多种形式的知识产权保护，如专利、版权、秘密等（表 2）。

表 2　按交易和知识产品保护类型分类的 R&D 进口

R&D 进口	R&D 服务（原件）	知识产权（原件或副本）		
	（BPM 6 EBOPS 10.1.1.1）	购买（BPM 6 EBOPS 10.1.1.2）	转移（BPM 6 EBOPS 10.1.1.2）	使用许可或复制许可（BPM 6 EBOPS 8.3）
来自销售商的投机生产	X	X	X	X
来自定制的 R&D 服务	X	X		

基于 R&D 调查的外部支出包括 R&D 活动的购置费和补助金。因此，只包括购买定制的 R&D 的费用（仅限于 R&D 执行者）。SITS 中包括 R&D 服务和知识产权交易的数据，尽管创新调查数据可以作为补充，但是可能不包含想要的细节或数据频率。转移和未记录的交易是不太可能从 SITS 或国外附属公司服务贸易统计（FATS）中得到的，除非采取特殊的措施来收集或估算。

购买者价格

供给使用表用基本价格记录产出，但是用购买者价格记录消耗。因此，理论上出售 R&D 产出时，应包括与 R&D 产品相关的任何贸易利润和产品税收/补贴。在实践中，这些项目都可能是零，当然利润也为零，但为了保证全面性,这几项都包含在表4中。

14.2 R&D 的使用

产品的使用一般包括最终消耗、中间消耗、出口、固定资本形成和存货变动。为了获得部门的固定资本形成总额,国内各个部门之间购买的R&D产出都应被记录。任何R&D产出的资本转移最终都应记录在资本账户中。

R&D 最终消耗

R&D最终消耗包括居民消耗(可以忽略不计)和任何形式的政府、非营利机构的不记录为固定资本形成的R&D支出(也不记录为中间消费,取决于各国如何编制他们的供给使用表[①])。建议单独列出这些项目,以满足有兴趣测算R&D最终支出总额的用户的需求。

R&D 生产中使用的 R&D 服务的中间消耗

已在前面所述内容中进行了阐述。

国内部门之间的 R&D 净购买

国内部门之间R&D产出的净购买,构成R&D固定资本形成,需要进行记录以显示各部门用途,而不是显示各部门的R&D产出。如果资金数据无法在部门间进行分解,一种实际的解决办法就是,假定非政府R&D执行者的花费主要是获得R&D,政府R&D执行者的R&D支出几乎为零。

R&D 制成品和在制品的存货

由于无论是供自己使用的、定制的还是投机性的R&D的生产通常需

---

① 一些国家把政府和非营利机构的支出直接视为最终消耗,但是其他国家把这些部门的交易视为中间消耗,并组成产出成本的一部分,而不是将这些部门生产和消耗的产出作为最终消耗记录。

第 2 部分 研究与试验发展

要超过 1 年的时间,因此直到 R&D 完成之前,R&D 也存在在制品。2008 版 SNA 建议,供自己使用的 R&D 在发生时应记录为固定资本形成。如果 R&D 生产明显是用于出售(正如 R&D 出口国的情况,如以色列),那么应作为在制品记录为存货。这对于跨国公司的附属公司生产 R&D 的情况是特别重要的,此 R&D 产品可能最终被出口。

R&D 出口

出口可以被归类为定制的和投机性的 R&D 的跨境销售和对外 R&D 转移(Moris,2008)。与进口的情形相似,定制的和投机性的 R&D 出口作为一个整体包含在国际贸易调查中,这项调查提供了 R&D 服务的数据。然而无论是 R&D 调查还是国际贸易调查都无法得到可以利用的对外 R&D 转移数据。

另外,一些出口数据可以从 R&D 调查获得。如前所述,《弗拉斯卡蒂手册》建议应该要求 R&D 执行者提供其资金来源的详细信息。不幸的是,这些资金既包括了用于支付采购的资金,也包括了经费补贴(在国民经济核算意义上的现金转移),且充其量只有一部分分解的数据可能是可用的。但是来自 R&D 调查的、按照国内外来源部门(类似于前述对外部支出的分类)及经济类型(销售、转移和补贴)进一步分类的详细经费数据,为估算 R&D 出口提供了可靠的数据来源——见附录 D 所需其他数据。在撰写本书时国家科技指标专家组(NESTI)修订了 R&D 实施国际化的内容,一个工作组已开展相关工作以改进对 R&D 国际贸易的测度。应该通过国际收支数据中的 R&D 出口数据,细分企业 R&D 资金投入数据,从而对 R&D 的用途进行合理估算,直到可以从 R&D 调查中获得这些数据。假设只有购买时企业才收到其他企业的资金(企业之间没有转移——即没有报偿),不参与 R&D 活动的生产商的出口可以忽略,在这样的前提下,可以得到这样的细分数据。

R&D 中的固定资本形成总额

固定资本形成总额就是 R&D 供给与前述用途之间的差额。虽然可以根据《弗拉斯卡蒂手册》搜集的数据推导出 R&D 固定资本形成总额，借助于其他数据可以显著提高测度的质量。2005 年堪培拉 II 组提出了 R&D 调查需要的一系列其他的数据以更好地满足国民经济核算的需要（也送交至 OECD 负责编写《弗拉斯卡蒂手册》的国家科技指标专家组）。这些数据列于附录 C 中。最重要的改进是获得足够的资金和内部经费分类数据。

基于《弗拉斯卡蒂手册》的调查，如贸易调查或专业的商业调查，包括创新调查，没有提供估算 R&D 进口所需的所有数据及可供使用的替代数据。附录 E 进一步指导如何利用目前常用的数据资源估算 R&D 进出口。附录 F 描述了贸易数据来源和未来的发展方向。

表 3 总结了推导 R&D 产出的步骤，表 4 总结了推导 R&D 中固定资本形成总额的其余步骤。

表 3　推导 R&D 产出的步骤

起点：《弗拉斯卡蒂手册》各个部门的 R&D 内部支出	
1. 使用许可和不属于固定资本形成的复制许可的产出	加上使用许可和不属于固定资本形成的复制许可的销售额（即不满足资产条件的部分）
2. 商品和服务（非 R&D）的中间消耗	减去知识产权产品的许可使用费（主要为 R&D 资产，如专利），这些应记录为固定资本形成总额。见表 3 第 6 项和表 4 第 7 项
3. 供自己使用的软件产品的内部支出	减去供自己使用的、可记录为固定资本形成总额的软件产品的内部支出
4. R&D 生产过程中使用的 R&D 服务的中间消耗	加上应作为中间消耗的外部购买的 R&D（而不是应作为 GFCF 的部分），仅适用于 SR&D 行业的市场生产者

续表

起点：《弗拉斯卡蒂手册》各个部门的 R&D 内部支出	
5. 劳动者报酬	加上《弗拉斯卡蒂手册》数据中未包括的研究生的报酬
6. 资本服务成本	减去资本支出 加上资本服务成本（对非市场生产者仅为固定资本消耗），包括明确认定有助于 R&D 产出的 R&D 资产
7. 其他税收减生产补贴	加上《弗拉斯卡蒂手册》数据中不包含的税收减去补贴
	等于各个部门的 R&D 产出

表 4　推导 R&D 总供给、总使用、固定资本形成总额的步骤总结

起点：各个部门的 R&D 产出	
1. 加 R&D 进口	包含所有 R&D 使用许可和复制许可的支出
2. 加贸易利润	实践中假定为零
3. 加上税收减产品补贴	实践中假定为零
4. 等于 R&D 总供给和总使用	
5. 减 R&D 中间消耗	同表 3 中第 4 项
6. 减购买的不用于获利的 R&D	实践中假定为零，但不满足固定资本形成条件的复制许可应计入此处
7. 减 R&D 出口	不包括满足固定资本形成条件的，及与早期生产的原件有关的复制许可的销售额。销售额与先前存在的资产有关，不包括在产出中
8. 加国内各个部门之间的 R&D 净购买	R&D 净购买属于固定资本形成总额。按照国内部门之间的资金数据，不包括第 5 项、第 6 项、转移和补贴

续表

起点：各个部门的 R&D 产出	
9.减去 R&D 制成品和在制品存货的变化	
等于各个部门的 R&D 固定资本形成总额	
加/减资本账户中各个部门间 R&D 资产的资本转移	

15. 对账户的影响

显然，把 R&D 视为固定资本形成总额将会使 GDP 的估值增加。但是对于非市场生产者而言，其产出是通过成本和推导得出的，整体影响比支出对 R&D 固定资本形成总额本身要小，GDP 增加也只反映 R&D 固定资产的固定资本消耗的增加（因为忽略固定资本消耗部分，R&D 资本化仅仅导致经费转移，即由一般政府部门的最终消耗支出转变为固定资本形成总额）。实际上，GDP 的变化也可能是由于引入基于《弗拉斯卡蒂手册》的 R&D 调查数据取代其他数据源导致的。

16. 国际贸易其他问题

16.1　数据来源

第 1 部分详细综述了测度知识产权产品，包括 R&D 的国际贸易的传统方法。本节主要讨论可以用来补充传统贸易数据来源的其他来源。

R&D 调查

本手册曾详细描述了 R&D 调查数据。其中，资金来源是出口的一个数据来源，外部支出是进口的一个数据来源。如前所述，两者各有优劣。

第 2 部分　研究与试验发展

其他数据来源

非专门设计用于 R&D 目的的调查可能提供有用的指标。例如，基于特定产业调查获得的 ISIC 第 4 版第 72 类（或者 NAICS 第 5417 类）的 R&D 服务业数据可以提供全球或出口收入数据。然而，从这个来源得到的数据应视为一个下限，因为它不包括主要活动不是 R&D 活动的那些企业或公司的 R&D 进出口数据（相反，服务贸易调查涵盖所有的服务，包括 R&D 服务，它作为所有企业的一项活动，不考虑公司分类）。创新调查也是一个潜在的数据来源。附录 D 讨论了用于测度知识产权产品的国际贸易数据来源的下一步发展。

数据调整

鉴于已知的 R&D 贸易数据来源当前存在的一些不足，许多国家通过可比较的交叉性调查或对比研究（Schelling, 2004），以及与微观数据相联系的实验等方式来使用现存的不同来源的数据。双边统计研究提供了已经开始用于比较国家间整体出口和进口的另一种工具。知识产权产品的进出口数据质量研究也可包含于双边统计研究项目中，或者设计为独立的实验，至少在一次性的基础上。

16.2　R&D 的范围

如前所述，BPM 5 的范围包括开发和测度活动，这超出了 2008 版 SNA 定义的 R&D 范围。因此，直到各个国家开始基于 2010 年扩展的国际收支服务分类系统提供数据，这个问题才得以解决，从服务调查获得的交易数据需要向下调整，以纠正非 R&D 部分。

17. R&D 的季度估算

到目前为止，R&D 调查都是按年度进行的，或许没有这么频繁，因此有必要插补已存在的年度数据，把最新年度的数据延长 1 年或 1 年以上，以满足季度国民账户的需求。

在编制国民核算账户时这类问题已司空见惯，通常的做法是推导出一个季度指标，然后以其为基准估算得到年度指标[①]。理想情况下，季度指标应与年度指标高度相关，以尽量减少修正，并且季度指标与年度指标数据的来源最好相同。这通常是不可能的，所以国民核算专家不得不使用一般情况下，比年度对应指标稍差的季度指标。对于 R&D 的情况，有如下 5 种方法可供选择。

①比年度规模小的季度 R&D 调查；
②年度预测数据；
③替代指标；
④一种计量经济模型或者数学模型；
⑤政府管理数据。

17.1 比年度调查规模小的季度 R&D 调查

基于一个比年度调查更小的样本，开展季度 R&D 调查，收集不太详细的数据是可行的。相当一部分样本可能与年度调查样本相同，但不完全相同，这是由于采用最新年度样本会导致一些单位的出现和消失。最重要的数据是工资和薪酬支出。中间投入是次要的，与劳动投入高度相关，而资本服务则由先前购买的资本性产品决定。支持估算 R&D 国际贸易的数据可能也需要最先考虑。

---

① 请参阅国际货币基金组织 2001 年的季度国民账户手册。

如果采取这个方法,应尽快开展 R&D 季度调查,以便在引入新的 R&D 核算方法时,提供尽可能长的时间序列数据。一项新的调查所需的时间,以及出于季节性调整目的所需的足够数据都应考虑在内。

17.2 年度预测数据

一些国家在《弗拉斯卡蒂手册》调查中要求 R&D 执行者预测来年的 R&D 经费。最新年度实际发生的数据和预测数据可以用与 R&D 分类相关的从业数据进行插值替换。加拿大的调查数据显示调查对象的预测数据和报告的实际过去数据存在高度相关性。

17.3 替代指标

第 3 种方法是沿着宏观方法的路径,估算供自己使用的软件资本形成,这是 OECD 软件工作组推荐的方法。与第 1 种方法类似,这种方法包含了成本和,但是劳动成本是根据季度就业人员数据乘以一个适当的平均报酬率而推导得出的。这种方法需要合理的、高质量的季度就业人员数据,就业分类要足够细。如果可以得到这些数据,就可以迅速构建一个关于季度估算 R&D 经费的长时间序列。这时可以对指标进行评估,并允许进行季节调整。估算 R&D 国际贸易的数据必须来自于季度服务贸易调查。

17.4 行政管理数据

一些国家可能拥有行政管理数据资源,能够提供 R&D 活动指标数据。

17.5 一种计量经济模型或数学模型

第 5 种方法是使用一些与 R&D 支出有关的指标,或者简单地进行数

---

① OECD 软件工作组关于国民账户中软件测度的报告(2002)。

学运算内推或外推得出年度数据。显然，这不是最理想的方法。

17.6 结论

构建 R&D 固定资本形成总额季度指标以内推和外推年度数据，这是非常重要的。最好的估算可能来自季度 R&D 调查。

如果有足够详细的就业人员数据，就可以使用类似于前面针对软件的宏观方法，从而得出一个满意的结果。这种方法应该及早实施以便产生长时间序列，可以用于估算过去 R&D 的实施情况。

采集 R&D 执行者对支出的预测值，并用合适的就业人员指标进行内推的方法成本低，基于上述加拿大的经验，也可以得到好的结果。这很可能是最具成本效益的解决方案。

18. 价格和物量

R&D 的两个特征导致很难编制产出价格指数。首先，它具有异质性；其次，大部分产出是供自己最终使用。建议 12～建议 14 描述了一般情况下构建知识产权产品资产价格指数应采用的方法，该方法同样也适用于 R&D。特别是建议 14 涉及与 R&D 密切相关的自给性生产，后面将对其进行重述。上述建议与《弗拉斯卡蒂手册》的建议相一致。《弗拉斯卡蒂手册》建议使用投入成本价格指数，并给出如何构建该指数的详细建议。另一种可供选择的方法是用投入的一种物品的单一价格指数替代综合投入成本价格指数。通常不使用这种方法测算服务部门的产出物量，许多国家通常使用平均收益或等效通缩进行测算。但是，R&D 调查提供的成本结构表明，没有哪一个单一的物品投入能获得超过 50% 的产出，因此，一般情况下不建议使用这种方法对 R&D 产出进行缩减。

第 2 部分 　研究与试验发展

> 建议 21：原则上，产出或者虚拟产出，都应用于推算 R&D 价格指数。但是，目前关于如何推算 R&D 价格指数还没有达成共识，暂时只能使用投入成本价格指数。

实际上，至少在短期到中期内，最普遍的推算 R&D 价格指数的方法是使用投入成本价格指数，因此，有必要在此进行详细讨论。

用于紧缩估算员工报酬的方法中，一种重要的方法是投入成本法，应确保可以把数量部分和价格部分加以区分。举例来说，每周平均收入指数应在使用前进行调整，以确保价格部分中包含每小时报酬的变化，不包括由于工时数变化引起的指数变化，或者说，资历/经验包含在数量部分中。员工报酬的估算应尽可能按照员工类型进行分类，每组分类结果尽可能同质。例如，《弗拉斯卡蒂手册》把 R&D 人员分为 3 种类型：研究人员、技术人员和其他辅助人员。理想情况下，这种分类是最低要求（与可得到的平均薪酬指数相对应）。英国 R&D 卫星账户使用从年度工时和薪资调查得到的 12 个详细职业群体的时薪信息（Galino-Rueda，2007）。其他国家采用的方法中有用的信息也可以加以应用，如美国（Copeland，Medeiros 和 Robbins，2007）和丹麦（Gysting，2006）。

19. 资本测算

通常情况下，研究人员使用计量经济学方法或永续盘存法推算 R&D 资本存量。出于国民核算的目的，永续盘存法常用于推算固定资产的资本存量，因此易于理解且便于用计算机程序实现。如第 1 部分所述，这是推荐永续盘存法用于 R&D 资本测算的重要原因。

虽然仍需要相关指导，但可以确定的是，永续盘存法涉及用于估算

R&D资产折旧率和资本服务寿命的假设和数据来源。在实践中，两个关键的方法被普遍采用：专利更新法和计量经济学方法。然而，这两种方法都存在严重不足①，它们通常认为资本服务寿命介于10年和20年之间，但不同行业之间存在很大差异。

考虑到这些缺陷，2006年堪培拉Ⅱ组和NESTI的联合会议鼓励采用基于调查的方法，特别是针对各个行业中的主要R&D执行者的调查，以测试他们是否能够提供预期的R&D资产服务寿命。对此，许多统计机构（包括以色列、德国和英国）开展了如下所述的探索性试点调查。

19.1 以色列中央统计局开展的试点调查

ICBS（以色列中央统计局）开展的试点调查涵盖了少部分企业（大约30家），这些企业分布于最重要的从事R&D活动的行业——软件、制药、半导体、监控设备、化工。调查中也采访了R&D方面的专家，如风险投资基金代表。调查对象被问及R&D服务寿命、他们关于数据采集方式的意见及相关人员的情况等。几乎所有调查对象都能够提供公司估算的R&D平均服务寿命。某一特定行业中多个企业报告的数据显示，相似类型的R&D具有相似的服务寿命长度。

在绝大多数情况下，调查对象解释说他们开展1种以上的R&D活动，每种R&D都有它自己特定的服务寿命。企业把R&D分为包含重大创新的部分和包含微小创新的部分，他们报告的这两类R&D的服务寿命的差别非常显著。这意味着在一些行业中采集有关R&D组成的数据是非常重要的，在进行一些采访后，应设计一份简短的问卷，包含与R&D研发/使用过程的不同阶段、不同类型R&D的服务寿命长度有关的问题，即研发滞

---

① 计量经济学研究通常做出一些不切实际的假设，如把全要素生产率增长全部归功于R&D。专利更新法的主要缺点是很多、几乎大部分的R&D产出（按价值估算）没有申请专利。

第2部分 研究与试验发展

后期、应用滞后期和生产用时长度（见后文）。

一些主要发现如下。

①一些调查对象解释说，近年来服务寿命一直是变化的，在一些行业中变得更短。这意味着需要定期采集服务寿命长度数据（至少每隔几年进行一次）。

②服务寿命长度似乎与R&D项目的持续时间和难易程度有关。R&D项目持续时间的数据容易获得——企业制订了有关R&D项目的工作计划。

③在多数情况下，应用滞后期很短。企业报告称他们在执行R&D的同时也在设计R&D产品的用途，因此R&D成果会尽快得以应用。

④调查对象报告称他们提前制订了未来几年的详细工作计划，能够回答关于这3个阶段时间长度的问题。

表5为试点调查的结果，鉴于样本数量，结论仅为说明阐述之用。

表5 试点调查中选定行业企业报告的平均服务寿命[*]

行业	R&D 类型	研发孕育年数	应用滞后年数	用于生产年数	总年数
制药	重大改进—特有的，原创药	15	1	5	21
	一般药物	2	1	10	13
化工	重大研发	9	1	50	60
	原有产品研发	1	1	10	12
半导体	用于通信—设备	2	0～1	3	5
	用于通信—基础设施	2	0～1	6	8
	用于运输设备	2	1	10	13
监控设备	产品原件	4	1	15	20
	原有产品研发	2	1	10	13

续表

行业	R&D 类型	研发孕育年数	应用滞后年数	用于生产年数	总年数
软件	重大改进	3	1年以上	5	9
	微小改进		1年以上	2~3	5
金属制品（机械设备除外）	重大改进	2	1	15	18
	原有产品研发	1年以下	1	10	12

注：*试点调查中每个行业只调查几家企业，尽管企业反馈在行业内服务寿命是相似的，上述平均服务寿命长度不具有代表性。

从试点调查进一步总结出如下信息。

①包含失败的R&D：调查对象清楚R&D活动的成功率，事实上，在工作计划中已经考虑了失败的R&D。调查对象认为成功R&D的收益可以涵盖所有R&D，包括证明已经失败的R&D。

②停止使用R&D资产的原因：吸收更新的R&D，即取代或改进先前R&D资产。在大多数情况下，旧的R&D资产被完全废弃，但在某些情况下，如果还有利润可以获取，那么它仍可以用于小规模的生产。

③可能延长R&D使用期的因素：缺乏竞争（垄断）或R&D是嵌入在大规模昂贵的不常更新的设备中。

④数据采集框架：调查对象认为特定类型的R&D，其服务寿命是相似的，因此，从专家那里能够获得足够的关于服务寿命的信息。

⑤企业联系人员：填写问卷的优先人选应该是R&D经理或R&D企业的产品经理。然而对于面对面的访谈，建议R&D经理和财务经理同时到场。

19.2 德国开展的试点调查

德国联邦统计局在德国工业联合会（BDI）的帮助下向许多行业协会

第 2 部分 研究与试验发展

和企业发放了问卷,以获得R&D服务寿命、R&D专利份额、各种R&D类型(主要是具有不同的服务寿命)的份额的信息。从12家调查对象得到的信息表明,获得关于服务寿命问题的答案是可能的。多数调查对象还给出了关于不同类型的R&D,以及一些单独的产品和过程开发的信息。那些可以对R&D类型进行区分的企业,大多能估算其占总R&D的份额。

根据这次实践可以总结得出:在每个行业内按照R&D项目类型对服务寿命分解,估算不同类型R&D项目价值的大小是非常重要的,这样可以推导出每个行业的加权平均服务寿命(但也可以计算出每个行业中不同服务寿命的R&D项目单独的死亡函数)。另外,报告的R&D专利权有关的份额为1.5%~90%,表明当使用专利数据估算R&D服务寿命时需要谨慎。

19.3 英国开展的试点调查

英国国家统计局采用以色列中央统计局设计的问卷,开展了一项涵盖不同行业19家企业的试点调查(其中9家采用面对面采访的形式,10家采用电话采访的形式)。与前面所述2个国家的试点调查不同,英国试点调查包括R&D和其他非技术活动。但是,调查发现采用这种方法效果不是很好,这两项调查应针对不同的调查对象分别进行。对于R&D调查,应由熟悉R&D项目的技术人员填写问卷。其他发现如下。

①受访者的反应非常积极,同时受访者最重要的感受是R&D计划往往被忽略。

②问卷需要改进:给出更加清晰的定义,提供更多的案例,特定的时间和空间,澄清问题——需要开展第2轮调查。

③大多数企业从事应用研究和试验发展,而不是基础研究。

④各个企业R&D生产和管理的来源、结构不同。

⑤虽然企业能在这个框架内提供对服务寿命的估算信息，但是3个阶段的服务寿命概念应简化。

⑥企业难以估算典型的服务寿命长度。因此，问卷中应清晰定义不同类型的R&D。

⑦为提高服务寿命估算的准确性，应搜集不同类型R&D支出所占比重。

19.4 日本和韩国开展的试点调查

较早采集服务寿命数据的国家是日本和韩国。虽然收集到的数据并不是明确针对R&D的，还包括了一般无形资产，但结果表明，可以获取有关服务寿命的数据。

日本的调查是由日本科学技术振兴机构组织开展。这项调查只针对专利，问卷包括获得专利特许权使用的时间长度，以及嵌入专利技术的产品产生利润的平均时间长度等问题（Goto et al, 1989）。

韩国制造业和服务业创新调查中也包含了有关服务寿命的问题。这些问题涉及创新活动期间积累的知识的服务寿命，并且对产品创新和工艺创新做了区分。2005年制造业调查问卷中的问题如下。

①在2002—2004年的创新活动中，从产品创新中积累到的知识的平均有效期为多少年？

②在2002—2004年，从工艺创新中积累的知识的平均有效期为多少年？

由于创新概念比R&D定义宽泛，从调查中得到的结果不能用于估算R&D本身的服务寿命，除非R&D经费占创新经费的比例很大。然而，对调查做出反馈的调查对象数量表明，利用全面定期调查采集无形资产服务寿命的数据是可行的。例如，2005年制造业调查显示，在一个大的样本量中，有61%的企业进行了相关的回应（从结果来看，样本似乎应超过10 000家企业）。

19.5 结论

3个试点调查,以及日本和韩国早期开展的调查的结果非常鼓舞人心,这表明通过调查得到服务寿命是可行的,但是需要对多个国家的调查进行全面评估才能证实确实如此。

基于前面描述的3个试点调查的结果,对以色列中央统计局的问卷原件略作修改(见后面)。服务寿命调查可以作为常规R&D调查的一部分,也可以单独进行。进行试点调查的3个国家倾向于选取常规R&D调查样本中的子样本进行单独调查。结合调查单位层面2种调查的数据,利用常规R&D调查中的R&D内部总经费数据对服务寿命数据进行加权计算,最后得出行业平均服务寿命数据是可行的。调查可以通过邮件、个人采访或电话采访的方式进行。但无论使用哪种调查形式,与开展R&D的企业中拥有第一手知识的技术专家接触至关重要。

附录 B　R&D 服务寿命长度的问题

最近联合国统计委员会同意把 R&D 支出的主要部分作为固定资本形成（即投资）计入国民经济账户，并采取适当措施确保估算结果是可以接受的。

要求之一是在国民核算资产负债表中记录 R&D 资本存量的价值，另一个要求是估算资产随着时间的推移折旧。为了进行估算，需要 R&D 服务寿命长度的信息。通过获得后面表中所需信息将有助于改进国家和国际统计。

请提供 R&D 资产平均服务寿命的信息，附表 1 中为开展供自己使用的 R&D，附表 2 为从其他处购买的 R&D。

假如拥有具有不同平均服务寿命、不同类型的 R&D，请对 R&D 类型及每种类型的服务寿命进行描述。请提供关于每种类型 R&D 支出占总支出近似比例的信息。

附表 1　供自己使用的 R&D 项目

序号	R&D 项目类型	R&D 项目"生命"阶段的详细信息		所需年限	占总 R&D 项目支出的比例	备注
		阶段	所需信息			
1		研发	研发的平均时间			
		从研发向生产/经营过渡	从研发结束到在生产/经营中开始使用 R&D 资产的平均时间长度			
		用于生产/经营	从在生产中开始使用 R&D 资产到停止使用的平均时间长度			

第 2 部分　研究与试验发展

续表

序号	R&D 项目类型	R&D 项目"生命"阶段的详细信息				备注
		阶段	所需信息	所需年限	占总 R&D 项目支出的比例	
2		研发	研发的平均时间长度			
		从研发向生产/经营过渡	从研发结束到在生产/经营中开始使用 R&D 资产的平均时间长度			
		用于生产/经营	从在生产中开始使用 R&D 资产到停止使用的平均时间长度			

附表 2　从其他处购买的 R&D

序号	R&D 类型	R&D 项目"生命"阶段的详细信息				备注
		阶段	所需信息	所需年限	占总 R&D 项目支出的比例	
1		用于生产/经营	从开始使用购买的 R&D 资产到停止使用的平均时间长度			
2		用于生产/经营	从开始使用购买的 R&D 资产到停止使用的平均时间长度			

附录 C R&D 执行者的其他问题[①]

引　言

这份文件是 OECD 秘书处准备的《知识产权产品测度手册》进度报告的一个补充。

在 2008 年 4 月 OECD 的 R&D 和其他知识产权产品工作组（TFIPP）举办的会议中，多次提到了要关注主要 R&D 和软件实施者以便获取相关信息。大家一致认为，代表国家的 OECD 工作小组通过一系列标准问题向 R&D 和软件实施者进行咨询是令人满意的方法，当然应该要优先考虑如何制定这些标准问题。

本质上讲，许多问题是探索性的。主要是为了帮助 TFIPP 更好地理解 R&D 执行者如何开展 R&D 项目，建议只接触主要的 R&D 执行者，不建议进行多次询问。采用一系列标准的问题有助于国家间进行对比，如果问题足够详细就不需要多次接触 R&D 执行者来获得工作组需要的信息。

被纳入主问卷或者附问卷的一些问题是重复的。但是，制定这些问题需要进行试点调查，可以与一次性问题结合起来。

要求 TFIPP 的每个分组确定这些问题与调查主题相关，其目的是确定如下几方面。

①R&D 产出服务寿命（多次）。

②哪些 R&D 产出应记录为固定资本形成，哪些不能记录（一次性）？

③数据的可获得性和 R&D 服务和 R&D 产出的国际贸易数据，这些数据

[①] 补充报告由 OECDR&D 工作小组和科学与技术指标方面的其他知识产权产品国家专家工作组于 2008 年 6 月 16 日—6 月 19 日在巴黎提供。

第 2 部分 研究与试验发展

是（ⅰ）附属企业和（ⅱ）非附属企业之间过去（如专利）生产的。（多次，除非有其他标记）

④购买的软件和 R&D 使用许可多大程度上应记录为固定资本形成（一次性）？

大多数问题都是专门针对 R&D 执行者的，但也有一些针对软件开发者的，他们既可能是 R&D 执行者也可能不是。服务贸易和外商直接投资的调查中设计了一些关于国际贸易的问题。问题应适用于一个给定的参考年（尤其是那些打算反复进行的调查）。

除了 TFIPP 的具体要求之外，也希望搜集的这些问题能促进无形资产的有关讨论和长期数据开发。

Ⅰ. R&D 的服务寿命长度

参见附录 B。

Ⅱ. 哪些 R&D 产出应记录为固定资本形成，哪些不能？

（1）针对非市场 R&D 执行者的问题

目的：

为确定非市场 R&D 执行者（NMPs）在多大程度上，希望从 R&D 项目中获得经济利益。这些利益可以为如下几种形式。

①另一个单位支付 NMP 实施 R&D 项目的费用；

②直接出售 R&D 产出；

③出售 R&D 产出的使用许可；

④NMPs 与其他市场生产商建立伙伴关系或签订其他合同，从而得到一些利润份额；

⑤R&D 产出被 NMPs 或者其附属企业用于生产中；

⑥在③④和⑤情况下，NMPs 实施的 R&D 项目就记录为固定资本形成。

问题：

①您于××××年完成此调查表，您指出您从不同渠道收到 YYYY 资金，这些资金中有多少为补助，有多少为销售所得？

②有多少销售所得是从

a.按照合同实施 R&D 项目或者直接卖出 R&D 的所得；

b.使用许可或者版权费用所得；

c.从合作企业得到的利润份额。

③使用补助经费实施的 R&D 中，您希望多少比例用于本机构或附属机构的生产中（不用于其他 R&D 的生产过程中）？包括许可他人使用 R&D 而收到的费用。

④使用补助经费实施的 R&D 中，您希望多少比例重复用于本机构或附属机构的其他 R&D 活动中？

⑤您能按照基础研究、应用研究和试验发展单独回答这些问题吗？

（2）针对非市场 R&D 购买者的问题（R&D 行业以外）

1）目的

为确定非市场单位希望从购买的 R&D 产出中获得多少经济利益。

除非有特殊信息，R&D 部门中的企业购置 R&D 的费用记为中间消耗（IC）。

需向非市场购买者或者资金提供者进行询问，无论他们是否是 R&D 的执行者。

2）问题

您在生产过程中会（期望）使用所有购买的 R&D 吗（除了在其他 R&D 的生产过程中使用）？

①如果不会，那您是出于什么其他原因购买 R&D？

②如果不会,您能给出确定购买R&D的哪部分用于生产过程吗?

③如果您以赞助而不是直接购买的方式对他人实施的R&D提供经费,您希望得到可以用于自身未来发展的R&D成果吗?如国防服务、医疗服务、政策发展?如果是这样,您能确定是哪些吗?

Ⅲ. 附属企业(ⅰ)和非附属企业(ⅱ)之间过去生产(如专利)的R&D产出和R&D服务的国际贸易

(1) R&D调查受访者的问题

1)贵公司内部的R&D国际贸易

①贵公司能否报告由于本公司在其他国家的分公司为贵公司实施R&D,贵公司向其支付的费用?

a. 与位于国外的母公司的交易;

b. 与位于国外的其他分公司的交易。

②贵公司能否报告由于本公司为在其他国家的分公司实施R&D而收取的费用?

a. 与位于国外的母公司的交易;

b. 与位于国外的其他分公司的交易。

2)与公司之外的其他公司的R&D国际交易

①贵公司能否报告由于公司之外且位于其他国家的公司为贵公司实施R&D,而向其支付的费用?

②贵公司能否报告由于本公司为公司之外且位于其他国家的公司实施R&D而收取的费用?

③您能根据R&D服务合同分离出R&D补贴吗?

3)R&D或专利的国际转移(流入)

①您是否曾从以下渠道收到免费转移的R&D或专利?

a. 国外母公司（如果适用）？

b. 贵公司的国外分公司（如果适用）？

c. 国外大学或者研究机构？

d. 国外政府单位或国际组织？

②您能估算这些转移的生产成本或者价值吗？

4）R&D 或专利的国际转移（流出）

①您是否曾向以下接收者捐赠 R&D 或专利？

a. 国外母公司（如果适用）？

b. 贵公司的国外分公司（如果适用）？

c. 国外大学或者研究机构？

d. 国外政府单位或国际组织？

②您能估算这些转移的生产成本或者价值吗？

（2）针对国际服务贸易调查对象的问题

1）R&D 服务 VS 其他商业和技术服务（一次性）

①您能否报告包含以下服务交易中的 R&D 服务出口/进口？（假设在您的调查中 R&D 服务是一个调查类别，否则跳过）

a. 商业测试服务；

b. 软件开发服务；

c. 工程服务；

d. 设计服务；

e. 客户服务（售后）；

f. 版权费和许可费用。

②您是否能够从以下服务交易中分离出 R&D 服务出口/进口？

a. 商业测试服务；

b. 软件开发服务；

第 2 部分 研究与试验发展

c. 工程服务；

d. 设计服务；

e. 客户服务（售后）；

f. 版权费和许可费用。

2）公司内部的 R&D 国际贸易

①贵公司能否报告由于公司内位于其他国家的分公司为贵公司实施 R&D 而向其支付的费用？

a. 与位于国外的母公司的交易；

b. 与位于国外的其他分公司的交易。

②贵公司能否报告本公司为公司内位于其他国家的分公司实施 R&D 而向其收取的费用？

a. 与位于国外的母公司的交易；

b. 与位于国外的其他分公司的交易。

3）与公司之外的其他公司的 R&D 交易

①贵公司能否报告由于公司之外且位于其他国家的公司为贵公司实施 R&D 而向其支付的费用？

②贵公司能否报告本公司为公司之外且位于其他国家的公司实施 R&D 而向其收取的费用？

4）使用或出售无形资产的国际版权费和许可费用

注：对于本问题，无形资产包括专利、商标、版权及商业机密。

①使用无形资产（IP）的版权费、许可费用及其他费用，不包括交叉许可：

支付

收入

其中：

工业工艺和产品（不包括软件许可）

　　支付

收入

软件使用许可：

　　支付

　　收入

②在交叉许可的情况下，使用无形资产（IP）的版权费、许可费用及其他费用：

支付

收入

其中：

工业工艺和产品（不包括软件许可）

　　支付

　　收入

软件使用许可：

　　支付

　　收入

关于交叉许可用净交易量还是用总交易量测度？如果用净交易量测度，能估算出交易总值吗？

③出售/购买无形资产（IP）支付/收到的总费用：

支付

收入

　　其中：工业工艺和产品（不包括软件许可）

　　　　支付

　　　　收入

（3）针对 FDI 调查对象的问题：新的投资

这些问题是针对以下任一种情况：

①当一家国外的母公司直接建立或收购一家当地企业，或者通过现有

第2部分 研究与试验发展

的附属公司间接地向当地这家企业投资，股份达到10%及以上时；

②当现存的外国母公司的附属公司收购或者合并当地一家企业，或者该编制国家的企业分部或者运营单位。

贵公司或者国外母公司是否进行以下方式的投资？

- 创建一个新的法人的或非法人的法律实体，包括分支机构，该法律实体作为一个新的企业组织和运营；
- 购买或获得之前就存在的独立的法律实体的股份，该法律实体已经作为一家企业组织和运营，并且将继续作为一个独立的法人的或非法人的法律实体运营包含一个分部；
- 购买或获得现存的一家企业的一个业务部门或者运营部门的股份，这个部门作为一个独立的法人的或非法人的法律实体组织运营，包含一个分部；
- 购买或者合并另一家当地的企业，或者它的一个业务部门或者运营部门，把它并入自己的企业运营，而不是让它作为一个独立的法律实体继续存在或者组织运营。

对于合并或者收购现有的企业，您能报告在收购/合并时以下项目的规模吗（如果有）？

- 雇员
- R&D 支出
- 发布专利存量
- 申请专利存量
- 对于新成立的企业，是否能报告：（一次性）
- 新企业是否要开展 R&D 活动？
- 您是否计划向新企业出售或许可 R&D？
- 您是否计划向新企业出售或许可专利？
- 您是否计划向新企业（免费）转移 R&D 或专利？

Ⅳ. 软件和 R&D 许可的本质

与软件出版行业中的大企业出售的软件副本使用许可、复制许可及主要 R&D 执行者出售使用许可相关的问题。

（1）目的

①为了确定软件使用许可费用和 R&D 支出中可以记为固定资本形成的比例。为此许可有效期必须是多年，且被许可方必须承担获得所有权的所有风险和回报。

②为了确定获得的部分或者全部软件复制许可多大程度记为固定资本形成。为此，被许可方必须承担获得所有权的所有风险和回报，这是通过承担 1 年以上的传播、支持和维护责任来予以确认的。

（2）问题

①如果出售使用许可

1）以下有效期出售给企业的使用许可的比重是多少：

a. 1 年及以下

b. 1 年以上

2）以下有效期出售给政府的使用许可的比重是多少：

a. 1 年及以下

b. 1 年以上

3）只针对 R&D 使用许可

a. 支付之后是否可以无限期使用

b. 支付是否与使用有关？例如，利用许可生产的每单位产品版权费

②如果出售软件复制许可，什么条件下出售及什么时期内有效？如果有效期为 1 年以上，被许可方是否承担所需的传播、支持和维护责任？如果是，请写出最近 3 年的花费。

a. 出售到国内

b. 出售到国外

附录D 所需的其他数据

以下内容由Canberra Ⅱ于2005年组向OECD国家科技指标专家组（NESTI）提供。

利用R&D调查数据估算的项目

从其他执行者采购的R&D：通过R&D调查获得的外部支出数据分为购买国内生产者实施的R&D、国外进口R&D、捐赠和其他转移。这样分类将会使国内实施者获得的额外R&D（假设记录为中间消耗）加总到R&D内部支出中，以达到测算R&D国内总产出的目的。R&D总供给等于R&D国内产出加上R&D的进口。

R&D使用：按照出售给国内生产者和其他国家生产者（R&D出口）所收到的资金和R&D转移的数据进行分解，可以测度R&D产出的使用情况，满足编制供给使用表的需求。R&D调查测度政府对高等教育部门和企业部门的资助资金时已使用了这种分类方法。

部门调整：为得到国民账户中部门分类，需要对高等教育部门的支出进行分解。因此，需要按照以下子部门对高等教育部门数据进行分类。

①企业和准企业（包括为其提供服务的非营利机构）；

②一般政府单位（包括由政府控制和主要由政府提供经费的非营利机构）；

③为住户提供服务的私人非营利机构。

结合R&D统计数据和国民核算数据估算的项目

其他生产税减其他生产补贴：SNA中定义其他生产税为生产税的一部分，"主要包括在生产过程中拥有或者使用土地、建筑物或其他资产，或者雇佣劳动力，或者支付员工报酬而应缴纳的税"。其他生产补贴主要包括薪金或劳力补贴。《弗拉斯卡蒂手册》中不明确显示其他生产税流量，但是至少部分流量包含在日常支出中，如工资税是劳动力成本的一部分。但是，其他生产补贴流量不计入内部支出中，而是作为一种资金来源。在此期间，在R&D调查数据可以使用之前，可以用国民核算中的补贴数据来估算这些流量。

自有固定资产提供的资本服务成本：得到这些估算值最好的方法是根据过去的固定资本形成总额，然后利用永续盘存法进行测算。《弗拉斯卡蒂手册》对资本性支出的分类需要更多详细信息，以便能区分具有显著不同价格增长和不同服务寿命的资产类型。

R&D调查之外需要收集数据的项目

R&D执行者之外的生产单位也可能发生R&D对外出售和购买。在一些国家，此类交易非常重要，这些数据可以从其他数据来源获得——如经济调查或者国际服务贸易和外商直接投资调查。另一个数据来源是创新调查，可能会提供自身不实施任何R&D的生产者的R&D交易信息。

附录 E　R&D 国际贸易数据开发指南

A. 企业之间的国际贸易

出于调查国际收支的目的开展的国际贸易调查已包括附属企业和非附属企业的交易。国家核算机构、税务机关和研究者都意识到财政事务（Hines，1996）、国家和国际经济账户（Landefeld 等，2008），甚至是近来的无形资产生产和开发测度中隐含了失真的转移价格。

国际货币基金组织的《国际收支平衡表编制指南》从国际贸易角度为该议题提供了指导（第 487～第 491 段）。特别是，它承认了公司内部交易的误报问题（高报或低报数量和价值），把"具有直接投资关系的企业之间"的转移价格描述为"严重扭曲市场价值"的价格。进一步地，"企业可以按照与生产成本无关或仅收回商品生产成本的价格把商品出售给一家相关企业。例如，由于税收原因或者由于直接投资企业所在的国家对收益汇回的限制，这样的销售可能发生，以便企业把利润从一个国家转移到另一个国家"。OECD 的《转移价格指南》（OECD 2001）建议内部交易（出于税务管理的目的）如果是由独立的团体按照公平的市场价格进行，应该予以报告。特别是，公平原则指"参照可比交易和可比环境中独立的企业之间的交易情况调整利润，（因此）……视跨国企业集团的成员同（像）单独实体一样运营……"

国际货币基金组织的《国际收支平衡表编制指南》还建议调整报告数据，而且提醒"只有遇到重大的失真时才进行这种调整"（第 487～第 491 段）。值得注意的是，OECD 或者国际货币基金组织指南建议调整的目的是让税务机关获得纳税记录，其中一些材料对调查工作是适用的（如微观数据编辑 / 处理、估算、进一步调查）。另外，总数据应由国民账户核算人员进行调整。然而，数据和元数据限制了调整转移价格以适应R&D出口和进口总额。此外，考虑到知识产权产品在外商直接投资总额和贸易数据中所占份额相对较小，附属企业之间的交易新数据或改进数据，应该由无形资产、贸易、国民账户和全球化专家和工作小组等共同设计和开发（见OECD 2007）。

B.联合生产和/或R&D和知识产权的所有权

OECD的《转移价格指南》认为公司内部或跨公司的联合生产属于"成本分配安排"。后者被定义为"分担研发、生产、或者获得资产、服务或产权的成本与风险的合同安排"（8.3）。指南指出，这些协议在概念上不同于许可协议和现存资产的交换或转移。目标是使用公平交易原则。此外，"由于'成本分配安排'满足公平交易原则，在可比较情况下，鉴于企业期望从这种分配得到合理的利益，参与者的贡献必须与独立企业可能同意的贡献一致"（8.8）。

在跨国公司内，联合生产与共同所有权纠缠在一起，这就需要区分法律所有权和经济所有权，按照谁从何处和何地受益理清资产边界问题。指南指出"……先进无形资产的合法所有权[可能]仅属于[协议方]中的一个，但是他们都享有有效的所有权利益"（8.4）。这些议题涉及本手册中正确定义R&D和其他知识产权产品贸易流向的核心（Yorgason，2007：14-18）。

C.商业贸易和无生产线生产

商业贸易是指编制经济内的一个常住单位从非常住单位购买一件商品，然后转售给另一个非常住单位，期间没有商品进入或流出编制经济体（BMP 5和BMP 6初稿[10.42]）。因此，关于编制经济体，尽管没有商品

第 2 部分　研究与试验发展

进入或流出，但是存在影响常住单位所有权的变化。然而，"由于其他实体实施的制造服务，商业贸易时期，商品的物理形状可能发生变化。在这些情况下，拥有商品的企业在制造过程中做出了贡献，如提供规划、管理、专利和其他知识、营销及融资，但是没有实际占有商品。尤其对于高科技商品，这些非实物的贡献相对于材料和组装的价值来说是非常大的"。鉴于全球和合同制造、服务外包和分包（BMP 6 10.145），这些交易尤其重要，它们属于跨国公司内部交易（Connolly，2008；Takeda，2006），包括所谓的无生产线公司（Peleg，2008）。

D. 非 R&D 测试服务

CPC 第 1 版没有给非 R&D 测试服务提供单独代码。北美产品分类系统（NAPCS）对该类别进行补充，列为 NAICS5417[①]。除了类别与 CPC 代码类似之外，NAPCS 包括"实验室测试服务"，被定义为"提供各种合格鉴定服务，如测试、仪器校准、产品认证、管理体系注册和商业检验服务，以及其他相关服务，如标准信息销售、咨询和培训"的服务。[②] 与贸易和 R&D 调查实践有关的数据可以为分离非 R&D 测试服务提供其他途径。

E. R&D 转移

假如未来《弗拉斯卡蒂手册》和 SNA 中关于转移的定义相一致，未来统计（已完成或正在进行的）R&D 转移的一个来源可能是基于《弗拉斯卡蒂手册》的调查。R&D 调查可以得到开展 R&D 的成本，但是，这些 R&D 随后会被转移出实施单位（可以用估算其他 R&D 支出类似的方法估算产出）。

---

① 北美产业分类体系和北美产品分类体系都支持北美自由贸易协定成员国的经济统计。
② http://www.census.gov/eos/www/napcs/napcs.htm.

F. 知识产品的出售／购买

除了当前生产的 R&D 流量之外，全面核算 R&D 贸易需要包括出售／购买已形成专利和其他受法律（或商业机密）保护的知识产权产品的 R&D。R&D 流要从许可和版权使用费（使用许可和／或复制许可）统计中分离出来，并已纳入服务贸易统计。但是，知识产权资产的直接销售／购买方面的信息是非常有限的。一个相关指标是 R&D 实施企业或知识产品持有企业的跨境兼并与收购。Peleg（2008）开发了一个实验性的"决策树"，用于确定跨境兼并与收购交易是否包括知识产品。另外，可以通过进一步完善新的外商直接投资①调查，以应对上述问题。

---

① http://www.bea.gov/surveys/pdf/be13.pdf.

第3部分 矿藏勘探与评估

引 言

随着1993版SNA的发展，矿藏勘探被视为一种新的生产性资产。从本质上讲，矿藏勘探活动可以形成知识产权资产，且像其他的资产一样，有望为其所有者提供经济效益。

尽管存在大量的争议，2008版SNA仍对如何记录矿藏勘探有所保留。最重要的一个争议是，矿产勘探的范围应该包括评估，因此名称上有了从"矿藏勘探"至"矿藏勘探与评估"的变化。

20. 国际标准及作为资产的矿藏勘探与评估

在进一步研究之前，很有必要回顾一下早期的国际标准中怎样论述矿藏勘探与评估，这是非常有用的。

20.1 1968版SNA

在1968版SNA中，所有跟矿藏勘探有关的费用都视为中间消耗。由于矿藏勘探活动发生在开采之前，没有生产活动弥补这些成本，因此，根据1968版SNA中的惯例，当企业为自身使用而开展这个活动时被视为亏本经营。公司承担矿产勘探活动被视为对一项期望未来得到收入流的活动的投资，但这种观点被视为与经济事实不符。

20.1.1 1993 版 SNA

为了更加合理地反映出矿藏勘探活动的经济实质，1993 版 SNA 引进了一种生产性无形固定资产的新类别，称为矿藏勘探（AN.1121）。

"天然气和石油勘探及非石油矿产储藏勘探的支出价值。这些支出包括获取许可证前的费用、许可证及许可证获取费用、评估费用和实际试钻费用，以及使得试钻得以进行而发生的航空测绘和其他测绘的费用、运输费用等。"

从宏观经济计量角度来看，矿藏勘探资本化是合理的，因为矿藏勘探增加了经济中的知识存量，而且它是出于经济目的开采地下矿床的一个必要步骤。

20.2 环境与经济核算体系（SEEA）2003

开发 SEEA 的目的是开发用于测度经济和环境之间活动的统计账户体系。SEEA 2003 中包含一项关于矿藏勘探核算的详细讨论（第 8.46～第 8.65 段），讨论以 1993 版 SNA 中的处理为基础并提供了进一步的指导。在后面讨论的问题中，本手册充分运用了 SEEA 2003 中的内容。

20.3 国际企业会计准则

2004 年国际会计准则委员会（IASB）关于如何处理勘探与评估活动发布了一项临时指导准则，即"第 6 版国际财务报告标准（IFRS）"。这个标准反映了不同地区间会计处理的差异，从而对成本的处理方式应视具体情况具体分析，包括将成本资本化或者说将其记录为一种费用。当勘探与评估类资产首次在资产负债表中进行确认时使用成本模型进行测算。随后，各实体也可以使用成本重估模型测算这些资产。一旦开采矿藏资源的可行性得到证明，那么资产便不属于 IFRS 6 中的原有类别，要重新分类进其他 IFRSs 类别中。

IFRS 6 只是一个临时标准，国际会计准则委员会已经成立了一个工作小组，就采掘业中的财务会计问题进行更深入的研究，包括一些涉及矿藏勘探的相关问题。

20.4 1993 版 SNA 的修订

在 1993 版 SNA 的修订中，涉及矿藏勘探的一些问题得到了澄清。结果是，提出的如下提议得到了联合国安理会的批准。

①生产性资产"矿藏勘探"应被描述为"矿藏勘探与评估"，其范围界定应使用国际会计准则委员会的标准。

②矿藏勘探与评估和地下矿藏资产依旧视为单独的资产，前者为生产性资产，后者为非生产性资产。

③对于矿藏勘探，如果是从专业企业购置的，应按照市场价格进行估价；如果是为企业自身使用进行生产的，应按照成本总和进行估价。

④在缺乏市场价格的情况下，地下矿藏资源应基于资源租金的预期未来收益的净现值进行估价。资源租金是指总营业盈余减去其他可确认资产，尤其是包括矿藏勘探与评估在内的固定资产。

⑤开采者支付给资源所有者的付款，都视为资源所有者的资产性收入（租金），与支付方式无关。

21. 矿藏勘探与评估的定义和范围

如前所述，2008 版 SNA 推荐使用国际会计准则委员会中标准描述矿藏勘探与评估的范围。把费用确认为矿藏勘探与评估资产的关键标准是这些支出与开采矿产资源之间的相关程度。第 6 版国际财务报表准则对此范围作了如下讨论。

单位应当制定一项政策，明确哪些支出应被确认为勘探与评估资产，并一贯地实行这项政策。在制定这项政策时，企业应当考虑这些支出与探明具体矿产资源的相关程度。以下为那些可能包含到最初测算的矿藏勘探和评估资产中的支出费用的案例（列表不是非常详尽）。

①购买勘探权。

②地形、地质、化学和物理研究。

③勘探钻井。

④挖沟作业。

⑤取样。

⑥与评估开采一种矿产资源的技术可行性和商业可行性相关的活动。

第①项中，在有开采权的区域内获得租约或者其他土地使用权，如果这些属于矿产资源勘探和评估的一部分，则它们的成本包含在矿藏勘探与评估资产的成本之内。

> 建议 22：国际会计准则委员会建议的范围标准及第 6 版国际财务报表准则（IFRS 6）中的描述，应作为决定矿藏勘探与评估的支出范围的一个指导方针。

然而，需要着重注意的是，2008 版 SNA 中确定这类支出时仅仅描述为固定资本形成总额，不考虑矿藏勘探与评估是否会引起对地下资产的识别。若仅仅记录发现地下矿产的那些矿藏勘探与评估活动的费用，在实践中会导致低估从矿藏勘探与评估活动中得到的知识的价值。采矿公司预期

第 3 部分 矿藏勘探与评估

他们的勘探性活动中仅仅有一部分会发现地下资产，但只要有一项成功的勘探发现，就足以覆盖所有勘探活动的成本。此外，未能发现具有经济效益的地下资源储藏的勘探性活动，仍旧能带来有用的知识。例如，一种地下资源储藏的开采目前不具有经济可行性，如果未来价格上涨或者未来技术使得其可以开采，那么开采将变得可行。

企业在自己的账户中把这些费用记录为资本可能不符合 SNA 中的要求——可能是因为矿藏勘探与评估中一些应记录固定资本形成的支出项目记录成了费用；也可能是因为一些费用支出后没有发现经济性矿产资源。由于这些原因，必须确定企业在勘探和评价活动中所产生的支出总额。

> **建议 23**：无论是否成功，矿藏勘探与评估的所有费用都应记录为固定资本形成总额。同时，费用范围也不应局限于企业记录的资本支出。

22. 估价

与 SNA 的原则一致，优先的估价基础是市场价格。当另一家公司根据合约承担勘探与评估工作时市场价格应是可观测的。但是，这项活动的大部分是在企业自己经营的基础上开展的，无法得到可观测的市场价格。出现这种情况时，应按照生产成本之和进行估价。

① 中间消耗；
② 雇员报酬；
③ 固定资本消耗；
④ 固定资本回报（对于市场生产者而言）；
⑤ 其他生产税（减补贴）。

23.固定资本形成总额的估计与编制

矿藏勘探与评估由专门从事这种活动的企业承担，以及自主经营并且主要活动为采矿的企业承担。前者一般向后者出售服务，个别情况下前者投机性地从事这些活动是为了向采矿者出售矿产资源的开采权。结果是矿藏勘探与评估的固定资本形成总额高度集中在相对少量的采矿企业中。

获得固定资本形成总额估计的最好方法是对采矿企业进行调查。勘探与评估支出往往不稳定，因此应采用普查的方式。如果使用抽样调查，那么所有主要的采矿企业需要一一列出。

澳大利亚是多种矿产资源的一个主要生产国，澳大利亚统计局（ABS）的方法具有启发性。ABS对涉及勘探活动的企业进行了2种季度普查：矿藏勘探调查和石油勘探调查（参阅附录F）。在澳大利亚与澳大利亚水域的勘探与评估阶段，运载工具涵盖了所有费用（资本和非资本的）。费用包括勘探成本、确定可采储量、工程和经济可行性研究、采购资金、资源储备获得支出、建设实验场地及所有与这些功能直接相关的技术及管理费用。例如，卫星图像和空中及地震勘探的成本、地球物理学及其他仪器的使用、地图制备、许可费、土地使用权及法律成本、地质学家专业检查、化学分析和给予员工和承包商的报酬，获得海外石油勘探许可证支付的现金也包括在内。

在调查表格中，调查对象把勘探费用分解填入费用或资本项，他们在财务账目中也是如此分类。这两个项目的数据定义符合澳大利亚会计准则，同样也基于国际会计准则，并且调查对象也可以非常简单地完成。在国民经济核算中这两个项目相结合，以此估计矿藏勘探与评估固定资本形成总额。由于季度数据来源于普查，因此，年度估计可以简单地表示为4个季度估计的总和。

第 3 部分 矿藏勘探与评估

建议 24：固定资本形成总额的估计应通过对矿产企业及支持采矿企业的调查得到，需要对矿产企业进行普查。如果使用抽样调查，那么所有主要的采矿企业需要一一列出。调查的问题应该反映国民经济核算准则，统计调查人员应对属于固定资本形成范围内的所有费用进行加总。

24. 价格和物量

用于平减矿藏勘探与评估费用获得物量估计时首选的价格指数是产出价格指数。但是，鉴于大部分矿藏勘探活动的唯一性，编制这个指数并非易事。这样的指数几乎不存在，很少有国家已经编制出了这个指数。

几年前，澳大利亚统计局（ABS）对于构建矿藏勘探产出价格指数的可行性进行了初步调查。这个调查包括与尖端行业机构及与专业矿藏勘探企业进行的讨论。结果显示基于模型定价方法构建产出价格指数是可行的，但考虑到生产过程中技术的快速发展，指数的维护需要大量资源。出于这个原因澳大利亚统计局（ABS）没有继续深入研发矿藏勘探产出价格指数。

另一种方法是使用由生产成本构成的投入成本指数。但是，采用投入成本指数意味着没有生产率提高，这里存在一个合理假设，即在勘探与评估活动中引入新技术（如引入遥感技术）后引起的生产率提高是非常重要的。各国可能考虑在投入成本指数中加入生产率提高的调整项。例如，该指数可以通过整个经济长期生产率增长的估计来进行调整，这种调整应明确地用相关元数据进行描述。

建议 25：采用产出价格指数推算矿藏勘探与评估的物量是非常

知识产权产品资本测度手册

理想的方法。然而,大多数国家中这个行业很小,这种方法的代价相对昂贵。如果采用投入成本指数,那么就需要根据生产率增长进行调整。

25. 资本测算

正如前面所讨论的,矿藏勘探与评估属于经济资产,因为它有助于增加地下资源知识存量,允许出于经济目的开采这些资源。当仍有资源可以开采时,强调知识具有价值是合理的。有些发现的资源立即进行开采在经济上是可行的,但是还有一些需要等待新技术或更高的价格再进行开采,这些直到在经济意义上可开采时才能确认为资产。目前可以开采的矿藏知识比相同规模的用于未来开采的矿藏知识的价值更高。由于这个原因,勘探与评估资产的预期服务寿命可以假定为与相关地下资产的预期服务寿命相同。

根据建议23,无论是否成功,一种矿藏勘探与评估资产的服务寿命与所有相关支出有关,但是使用的平均服务寿命应仅在成功的矿藏勘探与评估活动的基础上决定。

澳大利亚统计局(ABS)对矿藏勘探与评估资产的服务寿命的估计如下:首先,将每种商品的平均年产量分为相应的预期可开采的地下资产储备的量,以此推导每种类型商品(即地下资产)的资产寿命;其次,把每种商品的勘探支出份额作为权重,合计每种商品的平均服务寿命,生成适用于所有商品的矿藏勘探与评估的平均服务寿命。编写本手册时估计的平均服

第 3 部分 矿藏勘探与评估

务寿命为 34 年。

> 建议 26：当采用永续盘存法估计资本测算时，假设矿藏勘探与评估资产的服务寿命与相关地下资产的服务寿命相似，这种假设是合理的。

25.1 地下资产

大多数地下资产不进行交易，因此一般不存在可观测的市场价格。取而代之，利用这些地下资产资源租金的净现值估计其价值。资源租金根据采矿活动的总营业盈余减去用于开采矿产的固定资产（包括矿藏勘探与评估资产）提供的资本服务（或租金）的价值测算。若没有把用于开采矿产的固定资产排除在总营业盈余之外，将导致资产负债表中出现重复计算。

> 建议 27：在计算地下资产的存量时，需要注意避免重复计算矿藏勘探与评估资产存量。

26. 所有权

26.1 矿藏勘探与评估

勘探活动通常由开采者提供资金，他们期望发现可以开采的地下资产。在有些国家中被授予勘探许可证的企业有责任向政府提供一组给定的勘探结果或测试，这是政府机构备案资料的组成部分。由于矿藏勘探与评估活动的投资者期望在合理的一段时间内能够开采任何地下资产，他们被视为矿藏勘探与评估资产的所有者，公开的知识被视为知识溢出。

26.2 地下资产

一些国家政府持有所有地下资产的所有权，矿业公司开采这些资产要购买许可证并支付开采权费用。虽然这不尽如人意，但2008版SNA建议地下资产应记录到法定所有者的资产负债表中，其法定所有者通常为政府。一些其他的处理方法已经被提出作为1993版SNA的修订过程中的部分，但是最后仍决定保留1993版SNA的处理方法，把这个问题放入长期研究议程中。

附录 F 澳大利亚矿藏勘探与评估调查

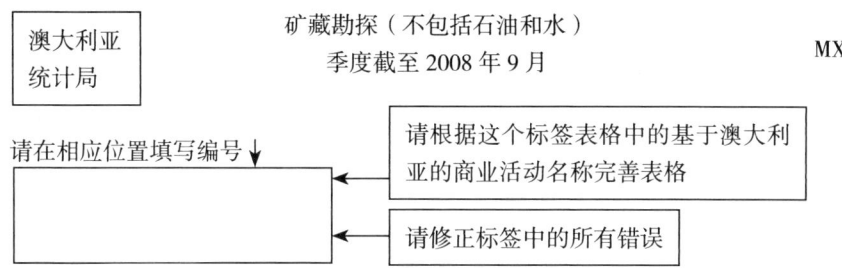

收集的目的

这份表格中收集澳大利亚参与矿藏勘探活动的私人企业的支出和钻探信息。这些信息将供私人部门与公共部门的分析人员使用。

收集的权威性

所需信息的收集依据《1905 年普查和统计法案》进行。非常需要您的配合，请在截止日期之前完成并寄出这份表格。如果有需要，该法案为我们提供直接向您索要所需信息的权利。

机密性

澳大利亚统计局将确保您所完成的表格的机密性。

截止日期

请在 2008 年 10 月 15 日之前完成表格，并装入已付费信封寄至澳大利亚统计局。

可获得帮助

如果您在填写表格过程中遇到问题，或者觉得可能截止日期之前无法完成，请联系澳大利亚统计局悉尼办公室：

电话：	传真：	邮箱：
1800 816 851	1800 220 822	GPO Box 796
免费（不包括移动电话）	（02）9268 4789	Sydney NSW 2001
（02）92684533		

Brian Pink
澳大利亚统计学家

如要询问与此表内容相关的问题，我们应当联系谁？

姓名_____ 电话_____
签字_____ 传真_____
　　　　　　　　　　　日期_____ / _____ / _____

© 澳大利亚联邦　　　　　澳大利亚政府统计清算批准文号：00175-03

知识产权产品资本测度手册

2   MX

> 首先请阅读
> - 报告所有的支出项，不包括商品与服务税（GST），这部分可作为进项税进行抵扣。
> - 如果无法获得准确数据，请提供认真估算数据。
> - 报告货币值时以千澳元（A$,000）为单位。在企业会计账户中不以千澳元为单位的价值项数据，使其约等于最接近的千澳元数据。
> - 请填写您完成这份表格花费的时间。
> - 当你完成这个表格时，请估计出所耗用的时间。

1. 本公司是否出售或者转让其勘探租赁协议中的一部分？

   否 □
   是 □　　　请给出购买者或承包者的详细信息。若空间不够请另附纸张。
   名称：_____
   地址：_____

2. 本公司是否作为非运营商参与联合经营？

   > 注意：
   > 报告所有本公司是委托运营商的联合经营企业的支出。

   否 □
   是 □　　　请注明每种情况下的运营商。如果空间不够，请另附加纸张。
   联合运营企业：_____
   委托运营商：_____
   地址：_____

3. 本季度内本公司在澳大利亚是否有勘探支出？

   > 注意：
   > - 矿藏勘探支出是指在勘探或评估阶段达到一定程度时的所有支出（资本性支出和非资本性支出），此时可以出于生产目的对矿藏进行开发。
   > - 支出活动包括勘探、可采储量的确定、工程及经济可行性研究、资源储备获得和建设试验场地的成本。
   > - 成本项包括航空测量、地图编制、卫星图像、资金采集、地质检测、土地获得与法律成本、许可证费用、雇员报酬、合同费用和其他任何与以上活动直接相关的成本（包括技术与管理费用）。

   否 □　　　转问题 8
   是 □

第3部分 矿藏勘探与评估

3   MX

4. 请依据国家或地区的矿床类型提供本公司的全部勘探支出。

> 包括：所有本公司是委托运营商的联合运营企业的勘探支出。
> 排除：所有本公司仅是参与者的联合运营企业的勘探支出。

定义：
- 勘探存在的矿床指划定或探明一种存在的矿床，包括进行扩展及填充，这些被分类为一种推测性矿产资源或更高类别。
- 新矿床指原来不知道是矿藏资源，或者虽然知道但是却未被分类为一种推测性矿产资源或更高类别，包括：①勘探中发现的原来不知道的矿产资源；②原来知道是矿藏资源但是还没有进行现代化勘探；③在现有矿产租赁区进行勘探，目的是发现新的还没有被分类或至少被分类为一种推测性矿产资源的矿产资源。

	$，000					
	新南威尔士	维多利亚	昆士兰	南澳大利亚	西澳大利亚	塔斯马尼亚	北领地
对现有矿床的勘探支出							
对新矿床的勘探支出							
总勘探支出							

5. 请根据矿藏资源类型及其所属国家或地区，在下表中填写本公司的勘探支出。

> 注意：
> - 根据每个勘探项目勘探的主要矿产或矿产种类把费用完全分配到下面列出的项中。
> - 此表格中的总支出应与问题4中登记的总支出相一致。

矿藏类型	$，000					
	新南威尔士	维多利亚	昆士兰	南澳大利亚	西澳大利亚	塔斯马尼亚	北领地
铜矿							
银铅锌矿							

续表

矿藏类型	$，000						
	新南威尔士	维多利亚	昆士兰	南澳大利亚	西澳大利亚	塔斯马尼亚	北领地
镍和钴矿							
黄金							
铁矿							
矿砂							
锡和钨矿							
铀矿							
其他金属矿，如							
煤矿							
建筑材料							
钻石							
其他非金属矿，如							

4

MX

6. 请指出在本季度勘探中所挖掘的地下深度。

深度（米）

现有矿床的挖掘深度………………………………… ☐
新矿床的挖掘深度………………………………… ☐
挖掘深度总计………………………………… ☐

7. 在本季度，本公司的勘探支出或者挖掘深度是否受到以下几项的严重影响？

可多选，打√

恶劣天气………………………………… ☐
矿藏价格………………………………… ☐
缺乏资金………………………………… ☐

第 3 部分　矿藏勘探与评估

土地使用权·································· ☐
其他（请具体列出）·························· ☐

转问题 10

8. 下个季度本公司是否继续进行勘探活动？
　　否　☐
　　是　☐　　　转问题 10
9. 本公司预期什么时候重新开始进行勘探活动？　　／　／

10. 请作评价：
—就您在本表中所提供信息发表评价（如异常的举动或其他因素）。
—您在提供信息时所遇到的任何困难，或者对此表格的改进提出的一些建议。
（请用正楷或大写字母填写）

11. 请估计您完成表格所花费的时间。
　　包括：
　　● 用于阅读表格、回答问卷及获得信息实际所花费的时间。
　　● 所有雇员收集并提供这些信息时所花费的时间。　　_____小时_____分钟

谢谢您的合作！

知识产权产品资本测度手册

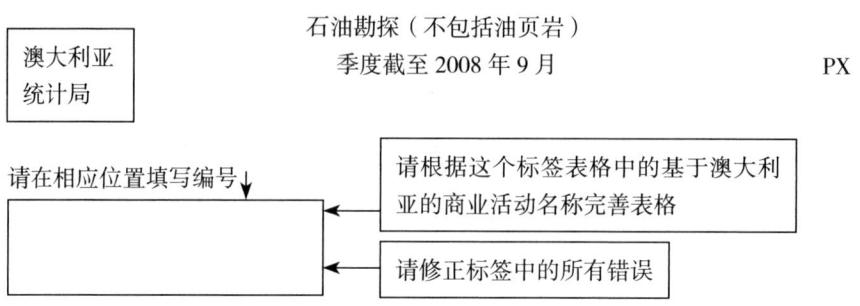

石油勘探（不包括油页岩）
季度截至 2008 年 9 月   PX

收集的目的
这份表格中收集澳大利亚参与矿藏勘探活动的私人企业的支出和钻探信息。这些信息将供私人部门与公共部门的分析人员使用。

收集的权威性
所需信息的收集依据《1905 年普查和统计法案》进行。非常需要您的配合，请在截止日期之前完成并寄出这份表格。如果有需要，该法案为我们提供直接向您索要所需信息的权利。

机密性
澳大利亚统计局将确保您所完成的表格的机密性。

截止日期
请在 2008 年 10 月 15 日之前完成表格，并装入已付费信封寄至澳大利亚统计局。

可获得帮助
如果您在填写表格过程中遇到问题，或者觉得可能截止日期之前无法完成，请联系澳大利亚统计局悉尼办公室：

电话：
1800 816 851
免费（不包括移动电话）
（02）92684533

传真：
1800 220 822
（02）9268 4789

邮箱：
GPO Box 796
Sydney NSW 2001

Brian Pink
澳大利亚统计学家
如要询问与此表内容相关的问题，我们应当联系谁？
姓名_____   电话_____
签字_____   传真_____
                                                     日期_____ / _____ / _____

© 澳大利亚联邦   澳大利亚政府统计清算批准文号：00175-04

第3部分 矿藏勘探与评估

2　　　　　　　　　　　　　　　　　　　　PX

首先请阅读

- 提示：表格将使用电子设备读取。
- 只能使用黑色圆珠笔作答。
- 把数字、字母、标记都填写在给定的方框中，如

  285 或 ✓

- 若没有回答或数据，请不要填写，如

- 不要在方框内写"nil（零）""n/a（无）"或画线
- 表格中填写的信息应遵守澳大利亚国际财务报告准则（AIFRS）。
- 本公司损益表与资产负债表中以权责发生制为基础填写。
- 若出现填写错误，则划掉不正确的答案并将正确的答案填在方框中剩余部分，如

  NSW
  $ 73, ~~86~~ , 000

  如果方框剩余空间不足，则填写在相关项的旁边，如

  NSW
  3527 $ ~~2, 845~~ , 000

- 只有标记的公司在澳大利亚的活动才应该包含在这份表中（包括进出口活动），也包括公司参与非公司制联合企业的详细信息。
- 报告所有的收入项，不包括商品与服务税（GST）。
- 报告所有的支出项，不包括商品与服务税（GST），此项可作为进项税进行抵扣。
- 如果无法获得准确数据，请提供认真估算数据。
- 报告货币值时以千澳元（A$, 000）为单位。在企业会计账户中不以千澳元为单位的价值项数据，使其约等于最接近的千澳元数据。
- 列出的是关于包括和排除项的例子，不应作为包括或排除项的全部清单。
- 请填写您完成这份表格花费的时间。

1. 本公司是否出售或者转让其勘探租赁协议中的一部分？

   否　☐
   是　☐　　请给出购买者或承包者的详细信息。若空间不够请另附纸张。
   名称：_____
   地址：_____

知识产权产品资本测度手册

3　　　　　　　　　　　　　　　　　　　　　　　　　　　PX

2. 本公司是否作为非运营商参与联合经营？

注意：报告所有本公司是委托运营商的联合经营企业支出。

　　否　☐
　　是　☐　　请注明每种情况下的运营商。如果空间不够，请另附加纸张。
　　联合运营企业：_____
　　委托运营商：_____
　　地址：_____

3. 本季度内本公司在澳大利亚是否有勘探支出？

注意：
- 矿藏勘探支出是指在勘探或评估阶段达到一定程度时的所有支出（资本性支出和非资本性支出），此时可以出于生产目的对矿井进行开发。
- 支出活动包括勘探、可采储量的确定、工程及经济可行性研究、资源储备获得和建设试验场地的成本。
- 成本项包括航空测量、地图编制、卫星图像、资金采集、地质检测、土地获得与法律成本、许可证费用、雇员报酬、合同费用和其他任何与以上活动直接相关的成本（包括技术与管理费用）。

　　否　☐
　　是　☐　　转问题6

4　　　　　　　　　　　　　　　　　　　　　　　　　　　PX

4. 下个季度本公司是否继续进行勘探活动？

　　否　☐
　　是　☐　　转问题9

5. 本公司预期什么时候重新开始进行勘探活动？

　　　　　　　　　___/___/___　⟶　转问题9

6. 请根据以下租赁类型及勘探地点分项登记在帝汶海和印度洋的勘探支出。

注意：不包括将在问题7中予以报告的澳大利亚海上和陆上支出。

		帝汶海联合石油开发领域 （千澳元）	阿什摩尔和卡地亚群岛领域 （千澳元）
①生产租赁	钻井 $	☐☐☐☐☐,000	☐☐☐☐☐,000
	其他 $	☐☐☐☐☐,000	☐☐☐☐☐,000
②所有其他地区	钻井 $	☐☐☐☐☐,000	☐☐☐☐☐,000
	其他 $	☐☐☐☐☐,000	☐☐☐☐☐,000

第 3 部分 矿藏勘探与评估

5　　　　　　　　　　　　　　　　　　PX

7. 请根据支出类型分解本公司的勘探支出。

> 注意：
> - 请排除在问题 6 中已给出的勘探详细费用。
> - 海上勘探从低水位标记处开始测算。

① 生产租赁

陆地钻井

新南威尔士	维多利亚	昆士兰	南澳大利亚	西澳大利亚	塔斯马尼亚	北领地
$☐☐☐☐☐☐,000	$☐☐☐☐☐☐,000	$☐☐☐☐☐☐,000	$☐☐☐☐☐☐,000	$☐☐☐☐☐☐,000	$☐☐☐☐☐☐,000	$☐☐☐☐☐☐,000

陆地其他勘探

新南威尔士	维多利亚	昆士兰	南澳大利亚	西澳大利亚	塔斯马尼亚	北领地
$☐☐☐☐☐☐,000	$☐☐☐☐☐☐,000	$☐☐☐☐☐☐,000	$☐☐☐☐☐☐,000	$☐☐☐☐☐☐,000	$☐☐☐☐☐☐,000	$☐☐☐☐☐☐,000

海上钻井

新南威尔士	维多利亚	昆士兰	南澳大利亚	西澳大利亚	塔斯马尼亚	北领地
$☐☐☐☐☐☐,000	$☐☐☐☐☐☐,000	$☐☐☐☐☐☐,000	$☐☐☐☐☐☐,000	$☐☐☐☐☐☐,000	$☐☐☐☐☐☐,000	$☐☐☐☐☐☐,000

海上其他勘探

新南威尔士	维多利亚	昆士兰	南澳大利亚	西澳大利亚	塔斯马尼亚	北领地
$☐☐☐☐☐☐,000	$☐☐☐☐☐☐,000	$☐☐☐☐☐☐,000	$☐☐☐☐☐☐,000	$☐☐☐☐☐☐,000	$☐☐☐☐☐☐,000	$☐☐☐☐☐☐,000

6   PX

7. 请根据支出类型分解本公司的勘探支出（续）。
②所有其他地区

陆地钻井

新南威尔士	维多利亚	昆士兰	南澳大利亚	西澳大利亚	塔斯马尼亚	北领地
$□□□□□000	$□□□□□000	$□□□□□000	$□□□□□000	$□□□□□000	$□□□□□000	$□□□□□000

陆地其他勘探

新南威尔士	维多利亚	昆士兰	南澳大利亚	西澳大利亚	塔斯马尼亚	北领地
$□□□□□000	$□□□□□000	$□□□□□000	$□□□□□000	$□□□□□000	$□□□□□000	$□□□□□000

海上钻井

新南威尔士	维多利亚	昆士兰	南澳大利亚	西澳大利亚	塔斯马尼亚	北领地
$□□□□□000	$□□□□□000	$□□□□□000	$□□□□□000	$□□□□□000	$□□□□□000	$□□□□□000

海上其他勘探

新南威尔士	维多利亚	昆士兰	南澳大利亚	西澳大利亚	塔斯马尼亚	北领地
$□□□□□000	$□□□□□000	$□□□□□000	$□□□□□000	$□□□□□000	$□□□□□000	$□□□□□000

③总计（①与②之和）

新南威尔士	维多利亚	昆士兰	南澳大利亚	西澳大利亚	塔斯马尼亚	北领地
$□□□□□000	$□□□□□000	$□□□□□000	$□□□□□000	$□□□□□000	$□□□□□000	$□□□□□000

第 3 部分　矿藏勘探与评估

PX

8. 在本季度，本公司的勘探支出是否受到以下几项的严重影响？

　　　　　　　　　　　可多选，打√

①恶劣天气……………………………… □
②矿藏价格……………………………… □
③缺乏资金……………………………… □
④土地使用权…………………………… □
⑤其他（请具体列出）

┌─────────────────────────┐
│   │
└─────────────────────────┘

9. 请作评价：

—就您在本表中所提供信息发表评价（如异常的举动或其他因素）。
（请用大写字母填写）

—您在提供信息时所遇到的任何困难，或者对此表格的改进提出的一些建议。
（请用大写字母填写）

10. 请估计您完成表格所花费的时间。

包括：
- 用于阅读表格、回答问卷及获得信息实际所花费的时间。
- 所有雇员收集并提供这些信息时所花费的时间。　　　____小时____分钟

谢谢您的合作！

第 4 部分　软件和数据库

引言

1993 版 SNA 中引入的 3 个新的固定资产类别中,对大多数国家的 GDP 产生量级影响最大的是软件(包括数据库)。截至 2000 年大多数经合组织国家都采用了新标准,但是不久就出现一个明显的现象,即不同国家估算的软件固定资本形成总额出现相当大的差异,不仅其规模相对于 GDP 的比值差异较大,而且估计的物量增长率也显著不同。

2001 年 10 月经合组织工作组开始着手处理这个问题,首要行动之一就是对成员国开展一项调查。调查有以下几个目的。

①量化各国估算值之间的差异;
②确定各国在概念上如何处理及相关依据;
③确定用于量化各种软件流量(固定资本形成总额、软件交易等)的不同方法,以及哪些方法在实践上最佳;
④确定各国如何编制软件缩减价格的指数,以及哪些方法在实践上最佳。

经合组织工作组提出了大量建议,包括软件的定义,应记录为固定资本形成总额的软件范畴,如何处理原件和复制品,如何处理软件使用许可和复制许可,如何区分固定资本形成和维护费用,如何估算自给性开发的固定资本形成的价值,如何构建用于估计软件固定资本形成物量的合适的

第 4 部分　软件和数据库

价格指数。

在工作过程中经合组织工作组发现，1993 版 SNA 中的一些建议需要加以说明或修改，所以当联合国安理会决定进行 SNA 修订时，立刻就受到新成立的 Canberra Ⅱ 组的关注。Canberra Ⅱ 组随后向国际国民核算工作组提出建议：涉及软件和数据库的两个问题应包含在 SNA 的修订中，即软件原件和复制品、数据库。之后联合国安理会正式采纳了这些建议，把它们作为 SNA 修订需要考虑的问题。问题描述如下。

原件和复制品

继 1993 版 SNA 把计算机软件作为资本形成引入之后，更加明显的是，关于把软件原件和复制品作为不同产品处理，国民经济核算体系中没有提供指导意见。是应该根据原件和复制品的不同，把原件和复制品的支出都记录为（新产品）支出？还是应该认为原件类似于复制品的存量，因此复制品支出部分（或大部分）反映现存产品的一种销售情况？复制品的交易应该如何记录？

数据库

1993 版 SNA 建议大的数据库应该资本化。SNA 是否应该为需资本化的数据库给出一个更清晰的定义，例如，数据库的大小等特征、数据的市场性及数据库本身？或者是否所有的数据库都应该资本化？数据库的价值该如何确定？

本手册中相关章节详细描述了 SNA 的修订中关于这两个问题的修改结果，但是 2008 版 SNA 中的几个关键的建议需特别关注。

①原件和复制品满足资产的一般定义，被视为独立的固定资产；

②如果通过多年合同分年度付款购置一种复制品（如软件）的使用许

可，且获许可方承担与该复制品的经济所有权相关联的所有风险和回报，这时就视为通过金融租赁获得了一项资产；

③如果不是依据长期合同对一种复制品的使用许可的分年度付款，则付款应视为经营性租赁中对服务的付款；

④如果准许一个单位复制复制品的条款类似于一种经营租赁，这时向原件持有者的付款应记录为对服务的支付。如果原件持有者根据使用许可向发行者出让自身的部分或全部责任和复制品服务，这就构成原件代表资产的部分或全部的出售；

⑤持有的数据使用期限超过1年的数据库都被视为固定资产；

⑥在没有更满意的选择时，自用数据库的价值应在成本和的基础上估值，数据库管理系统（DBMS）单独作为软件记录，获取数据的成本不包括在数据库价值中；

⑦出售的数据库应该按其市场价格计算价值，其中包括信息内容的价值。

建议①和②与经合组织工作组在1993版SNA中的解释一致，但是建议③发生了变化。工作小组建议如果被许可方有继续使用年度使用许可的意向，那么这项费用应记录为固定资本形成；但是2008版SNA对"意向"持有更强的看法，认为合同必须超过1年时，该项费用才能记录为固定资本形成。建议④是对SNA内容的一个更改，因为它明确允许把复制许可的销售视为原件的全部或部分销售。对于数据库，这些建议意味着对2008版SNA的彻底修改。除了建议③，所有的变化和说明都与Canberra Ⅱ组的建议一致（Ahmad，2004a、2004b及2005）。

本手册提供的指导方针很大程度上反映了经合组织工作组2002年向经合组织国民经济核算工作组提交的报告中的建议（经合组织2002）。以上SNA中的建议③到⑦导致了一些（但非全部）差异的产生。

第4部分 软件和数据库

27. 软件

在许多经合组织国家,软件固定资本形成总额占GDP的比例超过1%,且所占份额仍在增长。需对此特别关注,因为已经发现软件和其他ICT产品的投资对产出增长具有重大贡献(Colecchia,2001)。这使得精确、用国际可对比的方法测度软件固定资本形成总额及相关的资本非常重要。

在2001—2002年对经合组织国家的调查中,经合组织工作组发现一个相当大的变化,涉及软件测算的所有方面:中间消耗、软件固定资本形成总额、物量测算、固定资本消耗及资本存量。本部分侧重于软件固定资本形成总额的测算。

如前所述,本书中提供的指导方针很大程度上是基于经合组织软件工作小组提交给2002年经合组织国民经济核算专家会议的报告,除了由于2008版SNA中修改过的建议引起的差异外,还存在由于以下3个因素引起的差异。

①经合组织成员国和新加入国的2008年软件调查结果;

②新的行业和商品分类体系的引入;

③从报告和论文中得到的关于国家实践的最新信息。

27.1 定义和范围

在2008版SNA中计算机软件和数据库是"计算机软件和数据库"下面的2个子类别,其中计算机软件的定义如下。

10.110 计算机软件包括计算机程序、程序描述和上述系统与应用软件的配套材料。计算机软件的固定资本形成总额包括初始的开发、随后软件的升级,以及那些属于资产的软件复制品的购置。

10.111 计算机软件开发属于知识产权产品的开发。开发者预期在生产中使用1年以上的计算机软件应被视为资产。开发者也许仅仅打算自己使用这种软件,也可能打算将其副本用来进行销售。如果软件复制品在市场上销售,其处理方式应遵循第10.101段所描述的原则。从市场上购买的软件按购买者价格估价,而单位内部开发的软件则按估计的基本价格估价,如果其基本价格无法估计,则按其生产成本估价。

如果原件符合固定资产的条件,开发一件软件原件则能获得一项固定资产,即所有者期望在一段时期内能得到经济利益。这些经济利益来源于通过发行付费许可证的方式允许其他单位使用原件内容并/或所有者直接使用原件。

27.2 使用许可证和复制许可证

发行许可证可能是为了允许一个或特定数量的用户使用,或者是为了允许再生产复制品,分别被称为"使用许可证"和"复制许可证"。

进一步详细区分子分类"软件原件"和复制的软件(即所谓的"软件复制品")非常有用,有助于避免过去产生的一些错误,即由一些国民经济核算人员没有把原件视为固定资产估价,在此错误基础上导致重复计算。

①软件原件。软件原件应视为在其他产品的生产过程中使用的机器设备,同样也应视为投资。原件可以自给性开发(于是可称为"自给性软件原件")或者购买("购置软件原件")得到,也包括游戏软件原件。由于游戏软件与传统软件具有相似的生产过程(生产商),它们的处理方式一样。软件原件有2种类型。

a.再生产用原件。打算再生产后用于销售或租赁的软件原件,这些一般由专业的软件开发公司开发。

b.其他原件。打算用于其他产品生产过程中的软件原件,一般是自用生产或者从专业的软件开发公司定制购买得到。

第 4 部分 软件和数据库

②软件复制品。软件复制品是软件原件的再生产产品,包括给予使用者使用权利或使用许可,以及给予使用者复制权利或复制许可。

a.使用许可。这些软件大部分通过各种名称用于市场交易,如"套装软件""软件包"或"现用软件"。一般来讲,他们依法提供软件的使用许可,这类包括最终使用的软件复制品和嵌入计算机硬件、其他设备或其他软件的软件复制品,还包括"多次复制"使用许可和软件"出租"使用,出租使用的报酬通常采用"版权费"的形式收取,而不包括允许生产复制品进行销售的许可。

b.复制许可。复制许可允许公司进一步生产软件复制品随后进行销售,这些复制品通过使用许可证或者绑定到其中进行销售,无论捆绑软件是单独包含复制品,还是直接嵌入硬件中。通常,复制许可采用"版权费"的形式支付。

购置的使用许可证或复制许可证可能记录为固定资本形成或者中间消耗,将视情况而定,见1.3节。如果该许可证使用权限超过1年,且许可证持有者承担所有的风险和收益,那么使用权的获得就记录为固定资本形成总额。如果原件持有者将原件代表资产部分或者全部剥离,此时复制许可证仅视为一项资产,当原件持有者在一国内或多个国家内出售自己的发行权和复制权时通常发生这种情况。

27.3 捆绑/嵌入式软件

当购置或生产软件复制品时具有明确的意图,要把其作为出售的其他产品(办公设备、其他设备、其他软件等)的部分或全部时,就出现捆绑/嵌入式软件的情况。捆绑/嵌入式软件有两种产生方式:第1种是从一个软件生产商处购买复制品,然后进行捆绑并出售给另一个买家;第2种是获得复制许可证后将软件复制品(的价值)嵌入另一种产品然后进行销售。

建议将捆绑或嵌入销售产品的购买的任何软件（包括外包软件）都作为中间消耗处理。

购买捆绑软件的，可以单独给客户开具发票，在这种情况下购买软件可以像最终消费者购买任何其他软件一样处理。然而，这也许会将捆绑软件的价格包含在购买者的价格内，在这种情况下该软件的价值会被包含进捆绑产品的价值内，通常如计算机。不同的处理方式不会影响总投资的价值。

27.4 维护和修理

2008版SNA中对一项固定资产的日常、定期的维护与修理、重大修理加以区分：日常、定期的维护和修理应记录为中间消耗；但是重大修理，其时间不由资产的状况决定，且可提高资产的性能或预期服务寿命，应记录为固定资本形成。然而SNA中还指出，一般的维护和修理与视为固定资本形成的重大修理之间的差异并不明显（第10.45段）。

之所以特别考虑软件维护和修理的不确定性，是由于很难描述软件修复，它不是给现存系统添添补补。例如，很少存在等价的部分更新，如仪器与设备。

软件系统的修复包括修改配置或者改变任何项目代码，不包括部分更新及不再起作用部分的修复，这样软件修复很大程度上应视为改良。例如，修复由故障引入的错误可能是可以类比有缺陷的部件的更新一个例子。但是其他修理或修改，如修改软件使其得到保护远离故障，可以视为类似于给汽车喷漆使其免受不常见但有可能发生的坏天气的影响。

常规维护（区别于修理），如系统检查，不会改变软件的特征，因此明显应视为中间消耗。延长软件服务寿命一般应该记录为固定资本形成。例如，对软件进行修缮以解决Y2K问题是一种升级（包括改用四位而非两

第 4 部分 软件和数据库

位代码记录年份），延长了软件的预期使用寿命。修改软件使其可以在新的操作系统中运作，这是延长预期服务寿命成本的一部分，应记录为固定资本形成。但是为了适应数据输入格式的变化而经常性对软件进行修改，大多数情况下记录为中间消耗，但是在实践中如何对这些划分界限？

考虑到实际问题和概念性原则，最好的办法是遵循建议 2：知识产权产品资产不会出现磨损或其他形式的物理退化，但是它们可以被改进或扩展。大量的、有计划的改善应记录为固定资本形成，而次要的、无计划的改进记录为中间消耗更恰当。

27.5 软件原件的升级和直接销售

当软件原件进行更新或升级，如从 Word 5 升级到 Word 6，则记录为固定资本形成。如有可能，更新或升级的价值由它将带来的预期增加收入的现值决定。如果无法测算这些，则更新或升级的固定资本形成总额应根据升级或更新软件原件的成本之和进行测算，不包括早期用于开发软件原件的成本（如 Word 5）。更新或升级的软件的价值等于产生的固定资本形成总额加上升级之前软件的折旧价值。

> 建议 28：自用软件的更新或升级不应包括原始版本的价值，而是仅仅反映增加的价值。在资产负债表中的软件升级的价值包括升级的价值加上原始版本的折旧价值。

当软件原件直接销售时，应按照实际的市场交易价值记录这笔销售。大多数软件原件的开发是为了自己使用或授权给其他人使用，除非可以合理地确定开发软件原件具有销售的意图，那么才能按照 2008 版 SNA 第 10.38 段的说明把这笔交易按照现有资产的销售的方式处理。这种情况下原件卖方的固定资本形成总额是负的，购买者的固定资本形成总额是正的。

> 建议 29：按照 2008 版 SNA 第 10.38 段的说明，原件的销售应视为现有资产的销售，除非可以确定它们是为了销售而开发的。

27.6 测算软件固定资本形成总额

软件的固定资本形成总额一般有以下 3 种形式：购买软件复制品的使用许可证、从软件开发企业购买定制软件及自给开发的软件原件。通常对这 3 部分进行独立估算，但是一些国家选择计算前两者的总和。

有两种方法可以估算固定资本形成总额：第 1 种方法是对企业和政府进行调查，要求它们报告自己的支出；第 2 种方法是国家统计局在宏观层面进行估计，通过购置软件的商品流量法和基于自给性软件开发的人数估计。正如第 1 部分所述，每种方法各有优劣，应遵循建议 6 和建议 7，即应使用每种方法估计并相互印证。

2008 年经合组织成员国开展了另一项软件调查，目的是确定从 2001—2002 年展开调查之后成员国在实践中发生了哪些变化，随后经合组织软件工作小组发布了一项报告。2002 年和 2008 年调查结果的主要区别是，前面的调查中几乎没有国家使用需求法进行报告，而后来的调查中 20 个成员国有 15 个国家使用需求法进行报告。且这 15 个国家中几乎所有国家都具有购置软件的调查数据，并推导了供给估计，随后他们度过了一个冲突和平衡的过程。一些国家似乎更依赖于供给数据，仅仅有效使用调查中估计的比例数据，把供给总量分配到使用的行业和部门；但是其他国家更多依赖需求方面的数据，如荷兰。

与这些国家对调查的软件购置估计数据的不同依赖程度一致，他们对

第 4 部分　软件和数据库

数据质量也持有不同的观点。一些国家认为他们的数据质量令人满意，另外一些国家则表示担忧。有 6 个国家指出他们也使用调查的方法获取自给性软件固定资本形成总额估计；有 3 个国家使用宏观方法进行估计，另外 3 个国家仅仅依赖调查估计值。20 个成员国中其余 5 个国家只在估计购置软件时采用供给法，而对自给性软件采用宏观方法。

测算软件使用许可证的固定资本形成总额，以及区分生产单位购置的许可证中满足资产的标准及不满足资产的标准，都涉及一个非常重要的问题，从本质上讲，这个问题可以归结为使用许可证的期限是超过 1 年（记录为固定资本形成）还是少于 1 年（记录为中间消耗）。使用需求法时，则仅仅是要求调查者单独报告他们的期限超过 1 年的许可证的支出和 1 年以下的许可证的支出即可。但是供给法本身不允许进行这种区分，有两种可能的方法：第 1 种是依据需求法估计分解项，第 2 种是从软件供给者处获得信息——直接获取或间接获取均可。许多国家中大部分授权软件都是进口的，这意味着第 2 种方法需要从其他国家的软件供应者、统计局或其他来源处获得信息，如 Gartner 集团。

> 建议 30：区分期限在 1 年以上的使用许可证和 1 年及 1 年以下的使用许可证非常重要，生产单位购置的没有嵌入其他产品中并进行销售的 1 年以上的使用许可证的支出应记录为固定资本形成，所有其他使用许可证的支出都记录为消费。无论采用哪种方法，把对两者进行准确区分视为测算的核心，这是至关重要的。

需求法

软件测算的需求法遵循本手册第 1 部分概述的一般需求法，本部分中只针对软件进行介绍。

软件无处不在,所以需求调查的范围是整个经济体。虽然几乎所有单位都购买软件,但是其中还有大量企业仍然自给性开发的软件——这两类软件都大量存在。

购置的软件

购置软件有许多不同的方式,出于各种原因,有必要区分软件包或现成软件与定制软件之间的差别,之后也会明白区分的原因。购买单位可能把其中一种类型的软件支出记录为固定资本形成,另一种类型不记录为固定资本形成,但是从 SNA 的视角来看,低报固定资本形成总额对于软件服务来讲是一种普通的做法。因此,应该要求调查单位报告花费在软件开发上与服务相关的所有支出,包括软件原件支出(公司保留软件原件的所有权,可以生产复制品出售),不包括花费在准备再次出售的软件上的所有支出,无论其是嵌套在其他软件或硬件中。

外部支出分类如下。

①企业购买自用软件包并记录为资本性支出。应包括满足资本定义的单个和多个使用许可复制品,即应包括使用许可期限为 1 年以上的软件支出,不包括期限在 1 年及 1 年以下部分的支出。

②自用的企业收费软件包的付款和版权费。此子分类包括所有付款,包括使用许可证的租金和版权费、企业内部使用的自身已经收费的软件包(包括系统软件),不包括对使用许可期限不超过 1 年的软件支出,也不包括对再生产复制品进行销售或嵌入公司没有所有权的硬件或软件原件的许可及版权费。

③对与开发自用的定制软件有关的服务的支出。由企业开发自用定制软件的所有外部成本组成,包括对诸如 R&D、分析、设计与编程、修改软件包等服务的支付。这里以销售复制品为目的开发的软件原件视为自用。开发内部软件的外部咨询费用包括在内,但是不包括与开发公司不拥有单

第 4 部分　软件和数据库

独产权的定制软件有关的费用。此子分类中不包括使用期限在 1 年及 1 年以下的软件的费用。

④购置软件原件所有产权的支出。此子分类包括从另一家公司购买软件原件的一切所有权的支出，与直接购买还是购买再生产许可证无关。

⑤自用的其他软件的相关支出。不包括分包维护成本。

自给性开发的软件

这类包括自给性开发的软件的成本，该内部软件可以是供内部使用，也可以是公司打算出售使用许可或复制许可。这种软件包括开发公司保留所有产权的软件原件的内部成本，以及单位出售复制品或者把复制品嵌入硬件或其他物质的内部成本。

自给性开发的生产通常需要经过几个阶段，生产过程可以描述为以下阶段。

①可行性分析；

②功能分析；

③细节分析；

④编程；

⑤测试；

⑥存档；

⑦培训；

⑧维护。

估计开发软件的固定资本形成总额的价值时只需计算阶段②～阶段⑥期间的成本之和，其他 3 个阶段（可行性分析、培训和维护）的成本对软件的基本价格没有影响，应该计入费用。但是需要注意，使用成本和测算固定资本形成总额时应包括一般员工的培训费用，仅不包括使用特殊软件资产的培训费用。

> 建议31：自给性开发的软件的固定资本形成总额应该包括以上提到的②至⑥阶段的所有成本。

根据第1部分中描述的规则，②至⑥阶段的总劳动成本和与其他成本应按照如下方式推算。

①总劳动成本（以下 a、b、c 3项的乘积）

a. 参与软件开发的内部员工的数量；

b. 内部员工用于软件开发的平均时间比例，不包括用于维修和商业任务的时间，但包括用于软件 R&D 的时间；

c. 参与软件开发的员工的平均报酬，包括工资、薪金、奖金、雇主的社会捐款及其他特殊福利。

②其他成本（d、e、f 项之和）

d. 与聘用从事软件开发的员工相关的管理费用*，包括管理成本、培训费用、人事管理费用、办公用品费用、电费、租金等，以及使用公司拥有的固定资产的费用；

e. 与软件生产相关的任何其他中间消耗，包括对还没有确认为固定资产的软件或 R&D 支付的许可费；

f. 与软件开发成本相关的税款，如工资税*。

* 与软件开发支出成比例。

供给法

（除了区分不同期限的许可之外），对于使用供给法测算软件的最大困难是避免对一些流量的重复计算，包括分包。这个方法是双重的。对于购置的软件（包括可确认为资产的使用许可证），作为残差项使用从销售统计入手商品流量法推算购置的固定资本形成总额数据；对于自给性开发

第 4 部分　软件和数据库

的软件（由于销售统计中没有给出定义），这个方法是基于投入成本的宏观估计。

购置的软件

（1）一般原则

推荐用于估算购置软件的固定资本形成总额的商品流量法描述如下式（4.1）。

购置软件的固定资本形成总额＝国内软件产出总值＋进口＋贸易利润和国内供给税和进口税－嵌入硬件行业的软件价值－软件公司间的分包流量－生产单位购置的不满足固定资本形成要求的其他软件－家庭游戏消费及其附带软件－出口－维护费用　　　　　　　　　　　　　（4.1）

（2）逐步实施

商品流量法的着手点是销售。为了能够完全适用，销售统计应该有一个相当详细的分类。在欧洲范围内，对"欧洲经济共同体按经济活动产品分类2008"（CPA 2008）的四位数分类是最末分类。如果可行，应把销售数据按照业务类型（企业的主要业务）分类，需要一个必要的步骤对这些数据进行重新分类，从而得到软件产品的销售数据。当用行业销售数据实行供给法时，应考虑所有软件产品的销售，换句话说，包括作为次要业务的软件产品的销售。当这些调查数据和企业相关，并且企业内生产销售软件产品的机构被归类到工业而不是软件服务行业时，这可能是个重要的问题。

附录 H 中列出了 CAP 2008 和第 4 版国际标准行业分类中关于软件的相关分类，以及在前面版本中的重要语汇索引表。

步骤 1a：从行业数据（第 4 版国际标准行业分类）到产品数据

如果销售数据来源于基于业务（公司的主要业务活动）分类的营业收款凭证的统计，那么对这些数据重新分类是得到软件产品的销售数据的一个必要准备步骤。实际上，商品流量法是基于产品资源，即使是作为次要业务进行出售。在一个国家内，软件发行（5820）是套装软件的主要供应方，计算机编程业务（6201）是定制软件的主要供应来源。由应用服务供应组成的数据处理、托管及相关服务（6311）还有第3个国内来源，包括从一个集中的、托管的计算环境中提供租赁软件，其中一些可能是定制软件。

这个步骤中还应该包括对该方法一致性的另一项重要检验：销售数据应包括被企业归类为版权费的收入。

步骤 1b：从 CPA 数据开始

CPA 2008 中对软件服务进行了一个非常详细的区分。与第 4 版国际标准行业分类相对应，软件发行服务（58.2）和计算机编程服务（60.01）主导软件的供应，而应用服务供应（63.11.13）被单独列出。

建议32：行业销售数据只能在足够详细时才能使用。当采用行业数据实行供给法时，应考虑所有软件产品的销售情况，包括没有归类为"软件服务"的相关业务。

步骤 2：加上进口，得到总资源量

对很多国家来说，进口是获得软件包的主要方式，此时考虑进口如何发生非常有用。澳大利亚统计局（ABS）对此确定了一个包含 3 个阶段的过程（ABS 2006）。

第 1 阶段从 A 国开始生产软件原件。

第 2 阶段可以采用以下 2 种形式之一。

a. 软件原件在 A 国复制，以"盒装"形式（如磁盘、说明书、包装）出口到 B 国；

第4部分 软件和数据库

b.或者越来越普遍地通过网络或者硬盘把复制品输送到B国。A国批发商按照需求量制作复制品。

第3阶段涉及通过使用许可证方式对软件复制品进行销售。在上述第二阶段中（a）所示的情况下，这可以在A国经销商和B国最终用户之间直接发生，或者通过B国的一个经销商间接发生。在某些情况下第3阶段中涉及软件复制品从B国一家经销商销售到C国用户的出口情况。

在上述第二阶段中（b）所示情况下，A国内软件的拥有者与B国软件批发商或经销商之间的合同条款可以采取多种形式。软件所有者向销售复制品的批发商支付一笔费用，所有者得到其余的销售收入；或者，批发商向软件所有者支付一笔复制许可费用，批发商得到全部或大部分的销售收入。2008版SNA建议，在第1种情况下所有者支付的费用应记录为中间消耗；在第2种情况下，如果复制许可具有经营租赁的模式，那么批发商支付的款项应记录为中间消耗。然而，SNA还建议，如果软件原件所有者在使用许可条件下出让自身的部分或全部发行和维护复制品的权利，那么就构成了部分或全部软件原件代表资产的销售，这种情况下，批发商的付款就表示固定资本形成总额。

测算软件的国际贸易是不容易的，很可能国际收支平衡表的数据不够详细（见下文），那么就要采用其他来源的数据进行补充。例如，目前在国际收支平衡表中一般不按照产品类别对版权费和许可费进行区分。加拿大统计局对软件开发和计算机服务进行年度调查，得到计算机服务出口额及版权费和许可费出口额的数据（表6）。商品与服务数据加上大量的版权费和许可费进口额，可得到软件进口额估计。章节5中已经描述过的国际收支服务扩展分类的分类体系即将发生变化，在未来遇到问题时将大力改善。

表6 1998年加拿大软件进口额和出口额

	进口额	出口额
商品交易	1003	107
软件服务	314	731
版权费和许可费	685	1311
总计	2002	2150

建议33：在供给法中，进口和出口的定义必须与国内供给的定义一致，都应该包括特许使用费和许可费。

步骤3：加上贸易利润和税金

销售数据是按照基本价格计算，进口可以按照离岸价格或者到岸价格计算。为了保证可比性，固定资本形成总额应按照购买者价格计算。基本价格加上贸易利润和税金，减去产品补贴（包括家庭消费的产品增值税）可以得到购买者价格。只有经过这样的调整，商品流量法（供给法的基础）才能正常使用。例如，在加拿大，产品的贸易利润和资源（销售额与进口额）税收占软件产品总供给价值的17%。

步骤4：避免重复计算，剔除中间消耗

①剔除中间消耗

需剔除的中间消耗类型请参考附录G中的重要语汇索引表。

如前文所描述，2008版SNA中关于软件使用许可的情况发生了两个显著的变化：第一，购置的一项复制许可可能记录为固定资本形成总额，而之前的版本中经常作为中间消耗处理；第二，如果合同期限超过1年，购置的一项软件副本使用许可记录为固定资本形成总额。附录G中的重要

第4部分　软件和数据库

语汇索引表反映了这些变化及考虑到这些问题需要制定的策略。

要避免3种类型的重复计算：分包、软件包嵌入和自给性软件产品。

②剔除分包

因为国内软件的供应是根据产出数据获得，因此存在重复计算的固有风险。例如，对应于计算机编程服务（62.01）的主要活动或活动（6201）的软件产品的销售归类为固定资本形成总额，不包括那些对应于非最终用户购买的软件或归入自用软件原件的销售（见附录G）。假设软件最终用户U公司向一家软件资讯A公司订购了一款价值100元的软件产品。假设A公司把这款软件费用的25%承包给了另一家软件咨询公司B，此时软件的总销售额为125元，但是软件的总资本价值仍为100元。其中A公司承包给B公司的25%，只能视为A公司的中间消耗，不应作为资产。

软件发布也会引起同样的问题，在3种情况下销售不能视为固定资本形成：a.当捆绑购买的软件被嵌入硬件或其他设备时；b.当另一家软件公司购买软件产品后又嵌套到出售的其他软件复制品之中时；c.当软件产品被最终用户购买或者出口时。

③剔除硬件和软件捆绑购置的软件包

计算机产业硬件制造商购买软件包是为了将其嵌入到所销售的硬件设备中。在某种程度上不能将其排除在计算机硬件的固定资本形成总额之外，但是必须将其排除在软件的固定资本形成总额之外。如果没有关于软件包占硬件固定资本形成总额比例的可用数据，2002年经合组织的软件工作组建议假设比例为50%。

④剔除自行开发生产的软件

预期可以重复用于生产复制品1年以上的软件原件的支出，应记录为固定资本形成总额。另外，购置的满足资产定义的软件复制品也应记录为固定资本形成总额。因此，在这种情况下，自给性开发的原始软件和购置的复制品都应记录为固定资本形成总额。由于定制软件的本质特征，其一般不能被再生产,因此只有购置的软件原件才记录为固定资本形成总额。这意味着只有定制软件的情况才会出现重复计算。因此,从自行开发软件的固定资本形成总额中剔除定制软件产品,就可以避免重复计算。

> **建议34**:在供给法中,可通过以下方法避免重复计算投资:1)剔除分包对应流量;2)剔除计算机产业硬件制造商购买的软件包的50%(如果没有具体数据的话);3)在宏观估计自行开发软件产品时,剔除对应于定制计算机编程服务的销售的分析师和程序员的相应成本,这部分已经计入销售数据。

步骤5:维护

如前文所述,维护不能视为固定资本形成总额。因此,推算固定资本形成总额时需要从销售数据中剔除与那些销售相对应的维护费用。

已经实施供应法的国家在进行宏观估计自行开发生产时,都剔除了国内的维护费用。然而,企业也可以使用外部服务维护和修理软件,因此也需要估计外部维护的费用。

对于使用第4版国际标准行业分类的国家来说,维护类服务仅限于计算机咨询和计算机设备管理活动(6202)及其他信息科技服务活动(6209)。除了部分6202类服务被视为可用于软件的自主生产中之外,其他类都应该记录为中间消耗。

关于欧洲的情况,(CPA 2008),情况与此大致相同。

> **建议35**:在供给法中,应剔除外部维护的费用。当使用ISIC(第4版)或者CPA 2008时,自行开发软件生产中使用的服务,除了6202及62.02中的部分类别,其他的都应剔除。

第 4 部分 软件和数据库

步骤 6：剔除家庭购买及出口

①剔除家庭购买

估计家庭购买数额应使用家庭预算调查或其他相关的统计。

游戏是家庭软件支出中非常重要的一部分，如果这部分支出包含到前文所述的供给估计中，那么就需要剔除。第 4 版国际标准行业分类中的软件发布和 CPA 2008 中的软件发行服务都包含了计算机游戏服务的供给。在 CPA 2008 中，这些都包含在计算机游戏发行服务（58.21）中，很容易进行剔除，但是在第 4 版国际标准行业分类中并没有对此进一步分类。

家庭同时还会购买非游戏软件，自行开发工作者个人使用的这部分应记录为固定资本形成总额，其余部分应剔除在外。

从澳大利亚和美国获得的数据中，家庭软件消费似乎占总供给的 4%～5%，从加拿大得到的数据得出相似的数据，但是需要特别说明的是其数据中不包括游戏支出。法国占的比重比较小，为 2.1%。

> 建议 36：在供给法中，家庭软件消费应通过家庭收支调查情况或者其他相关的资源估计，且应该剔除在销售数据之外（用于调整贸易利润和流转税）。

②剔除出口

有关外部流量的问题已经在前面进行了讨论。

实施供给法时有关购置软件的建议概述：

下表总结了推导软件的固定资本形成总额的不同步骤，其中包括具体的参数设置（表 7）。

表 7　供应法的实施步骤概述

第 4 版 ISIC：资本化的软件服务的销售价值：软件发布（582）+ 计算机编程活动（6201）+ 应用服务供应（6311 中部分类别） CPA 2008：资本化的软件服务的销售价值：软件发行服务（58.2）+ 计算机编程活动（6201）+ 应用服务供应（63.11.13），服务合同期限超过 1 年的，包括版权费、许可费和游戏	A
加上进口（包括版权费、许可费和游戏费用）	B
加上国内供应的贸易利润、税收和进口	C
剔除嵌入到硬件行业中的软件（硬件行业购置的软件包的 50%），这部分记录为中间消耗	D
剔除软件公司之间分包的流量	E
剔除包含在以上几项中的家庭软件包和游戏消费支出	F
剔除出口（包括版权费、许可费和游戏费用）	G
剔除维护费用	H
购置软件的固定资本形成总额	A+B+C-D-E-F-G-H

需要特别注意的是，如果公司独立于这个过程把软件资本化并记入固定资本形成总额，那么软件的固定资本形成总额需要做出调整。本章节最后描述了这种调整。

附录 G 的附表 3 中列出了 CPA 2008，ISIC 第 4 版和 CPC 第 2 版中一致的部分。可以看出，软件发行（5820）和 CPC 分类之间是多对一的关系，但是 CPA 2008 中的软件发行服务和 CPC 分类之间几乎是一对一的关系。计算机编程分类中存在相似现象：计算机编程活动（6201）和 CPC 分类之间是多对一的关系，计算机编程服务（62.01）和 CPC 分类之间几乎是一对一的关系。

第4部分 软件和数据库

自给性开发的软件原件

（1）一般原则

经合组织软件工作组发现自给性开发的软件原件的固定资本形成总额占软件固定资本形成总额的三分之一，这意味着前者不容忽视，并且应该对其进行合理的估计。从广义上讲，自给性开发的软件的固定资本形成总额的估计如式（4.2）。

自给性开发的软件产品的估计值＝软件开发人员的劳动成本（即员工报酬）＋自给性开发的软件产品的非劳动成本（中间消耗、管理费用）＋固定资本使用成本或者营业盈余（只考虑非市场生产者的折旧）－其他活动相关的费用（维修费用等）－与定制软件原件生产和再生产出售的复制品有关的费用 （4.2）

说明：

为了在宏观层面了解各国的估计过程，必须澄清软件开发人员的产品和自给性开发的软件产品之间的区别。软件开发人员的软件产品指由软件人员开发的所有软件产品数量，包括内部使用的软件（自给性开发的软件）和出售的软件。自给性开发的软件产品指由软件开发人员在公司内部开发的、供内部使用的所有软件，因此这部分不包括出售的软件产品。需要特别注意的是，用于再生产的软件原件属于内部使用的软件产品，如微软的Windows系统，只出售Windows系统的复制品，不出售原件。

因此，为了估计软件开发人员开发的供自己使用的软件产品数量，需要进行一项"销售调整"，以排除市场活动的数量（即销售的定制软件原件数量和销售的软件复制品数量）。通过这个调整在应用供给法估算时不会出现重复计算，因为出售的软件已经计入销售数据中。

自给性开发的软件产品根据生产成本之和进行测算，这些成本包括雇员报酬、管理费用、中间投入、间接营业税（如工资税）及资本的使用者

知识产权产品资本测度手册

成本等。

（2）劳动成本

软件开发人员的劳动报酬可以用劳动人员数量乘以他们的平均工资来测算。平均薪酬根据国民经济核算中的员工报酬指标得到。建议软件开发人员的数量应按照经济活动群体进行分解，包括政府部门，尤其是第 4 版国际标准行业分类中的类别计算机编程活动（6201）和计算机咨询及计算机设备管理活动（6202）。

软件开发人员的数量可以通过直接的商务调查或者职业从业人员数据估计得到，大部分国家都使用后一种方法。但是适当地确定软件开发人员的数量并非易事。经合组织软件工作组建议，当缺少软件开发人员的数量的直接调查数据时，应使用职业从业人员数据。假设与计算机编程相关的其他职业类别从业人员贡献是微不足道的，根据 1988 国际标准职业分类（ISCO-88）中编码 213（计算机专业人员），则从业人员数据仅限于计算机服务部门的管理人员和计算机专业人员数量。这个假设的依据是缺乏关于其他软件从业人员用在软件开发上的时间的有效信息，并且认为这些时间很少。

英国国家统计局对软件行业关键企业和机构的一项较新的调查中发现，应该考虑更广泛的职业范围。虽然软件开发人员是最重要的职业群体，但是计算机服务管理人员（ISCO-88，编码 1236）、计算机助理（编码 3121）、计算机设备操作人员（编码 3122）和数据录入员（编码 4113）也做出了显著的贡献。由于这项研究中包含了英国国家统计局同软件行业重要企业（如思科系统公司和英国 IBM 公司）的商讨内容，且发现扩展职业范围会使得估计的自给性开发的软件的固定资本形成总额时增加 20% 的现象，因此，英国国家统计局建议扩大软件职业范围。

由于薪酬总额等于软件开发人员的数量乘以平均薪酬，因此要得到自给性开发的软件生产的劳动成本必须要进行调整，可以通过从软件开发

第4部分 软件和数据库

人员总劳动报酬中减去与自给性开发的软件生产无关的劳动报酬进行调整。这些调整是基于 ISCO 职业分类的生产活动中的劳动力所耗工作时间的数据做出的。第一步,软件开发人员的工作时间是用于开发定制软件原件的时间,从中剔除生产用于出售的软件复制品的时间,剩下开发自给性开发的软件原件和开发用于生产复制品的软件原件的时间;第二步,对软件开发人员花费在其他诸如系统维修、计算机系统维护等活动上的时间进行调整,必须估计出这部分时间,将其从总工作时间中扣除。英国国家统计局的调查中发现的软件开发人员职业群体用于软件开发的时间的近似比例如表8所示。应该按照标准职业分类来报告数据,还应参考与其相似的 ISCO-88 分类。调查对象报告称软件开发人员(213)总工作时间的70%用于软件开发,但是英国决定采用50%,与经合组织软件工作组2002年报告中的建议一致。

表8 英国用于估计自给性开发的软件产品劳动成本的职业编码

国际标准职业分类	UK SOC	行业	占比
1236	1136	信息和通信技术管理人员	15%
213	2131	IT 战略和规划人员	35%
213	2132	软件从业人员	70%(50%)
3121	3131	IT 运营技术人员	20%
3122	3132	用户支持技术人员	15%
4113	4136	数据库助理/办事员	5%
213	5245	计算机工程师、安装和维护人员	5%

2002年经合组织软件工作组的建议是要借鉴美国的经验。美国对软件

开发人员用于软件开发之外的工作的时间采用 50% 的扣除规则。50% 这一份额来自于 Barry Boehm 对 487 个商业机构软件开发和维护成本份额的研究结果（Boehm，1981），这一研究发表于 28 年之前。表 9 中列出了详细的份额，属于软件投资类别的用加粗体表示。

Boehm 认定程序员和系统分析人员将工作时间的 43% 用于软件开发，但是出于国民经济核算的目的，一些被他认定为维护的类别应记录为开发（即表格中的黑体部分所示），这样会使得这一比例达到 62%。尽管如此，选取 50% 进行估计还是更接近实际情况。50% 的份额也是基于坊间传闻，即由于个人计算机和预包装软件的重要性日渐增长，使得这个份额已经有所减弱。到目前为止，还没有出现被认可的最新的研究。加拿大、法国和意大利也在使用 50% 的扣除规则。

表 9　美国程序员和系统分析人员用于软件开发和维护的时间

开发	43%
维护	
a）应急维护方案	6%
b）常规调试	4%
c）配合维护的数据文件的输入	8%
d）硬件操作系统的改变	**3%**
e）为用户做的改进	
新的报告	**8%**
对现有报告增加数据	6%
其他	7%
f）对文档进行改进	3%
g）提高编码效率	2%
h）其他	8%
其他	2%

为了对根据两种不同数据来源推算的自给性开发的软件产品的劳动成

第4部分 软件和数据库

本进行对比,荷兰统计局进行了一项分析,这两种数据来源分别为:直接调查(自动化调查)和劳动力调查(按职业分的就业和工资调查)。得出的主要的结论是:由于修正部分占50%导致高估了自给性开发的软件产品的劳动成本。

> 建议37:如果一个国家没有计算机专业人员用于各种工作时间份额的可靠数据,那么在计算自给性开发的软件产品的劳动力成本时,应假设这部分份额不超过50%。

(3)非劳动力成本

由于很难直接得到自给性开发软件生产的非劳动力成本的数据,所以通常要基于相关行业的劳动力成本和非劳动力成本之间的关系估算得出。这个关系所示数据一般根据计算机服务业的调查或普查数据推算得出(如果可能,优先选择定制软件开发者的有关数据)。各国之间非劳动力成本与劳动力成本之间的比例差异非常大,这主要是由于相关行业的成本结构的可利用数据不同。有些国家拥有计算机服务业的详细分类数据,但是其他国家可能只有服务业总体的数据。

假设自给性开发的软件生产的成本结构与定制软件开发或软件编程外包行业相似,这个假设合乎情理。这些行业比服务业更趋向于劳动密集型产业。但是计算出的比例应加以调整,剔除所有重复计算的外部成本,即已经记入供给法下其他科目分支的外部成本及采购费用。这是基于这样一个事实:终端用户的内部软件的开发过程中包含程序员的服务的销售,已经被直接记录为投资。同时,上面根据计算机软件行业的成本结构估计非劳动力成本的过程中,隐含包括这些外部成本的一个增长过程,因为计算机软件行业也购买软件服务供自己使用。因此,如果这些成本既作为采购费用又隐含地包括在外部成本的增长过程中，而被计入非劳动力成本内，就会存在重复计算的问题。这就是建议把这个比例向下调整的原因。此外，考虑到行政管理人员对软件开发过程的贡献，建议也将行政管理津贴包括在内。

（4）资本服务成本

用于自给性开发的软件生产中，由所有非金融资产提供的资本服务的成本都包括在内。建议使用定制软件开发或软件编程外包行业中总营业盈余与劳动力成本的比例进行估算——见章节2.2。

（5）销售调整

如前所述，有必要对销售做出调整，剔除用于开发出售的定制软件的开发成本，因为并非所有的软件开发人员都在开发自给性开发的软件。尤其是计算机服务行业中，许多软件开发人员开发用于出售的软件，估计自给性开发的软件产品的价值时不包括这些活动。在理想情况下，应该对计算机服务行业进行调查，以确定从事定制软件开发的人员比例，以及从事开发用于生产复制品或供内部使用的软件原件的人员比例。在没有实际数据的情况下，美国和英国的经验及实践非常值得参考。

在美国，定制软件行业中已经根据以下式（4.3）对销售做出一项调整。

2/（软件开发人员与主总就业人员的比例 ×100）　　　（4.3）

（6）连乘模型

实践中，前面描述的推算自给性开发的软件固定资本形成总额宏观估计值的加法模型不是最好的推算估计方法。在这个模型中，存在一个可能合理的假设，即直接劳动力成本（即雇员报酬）与其他的一些因素成正比，如除直接劳动力成本之外的其他成本（如管理、税收、中间投入及固定资产提供的资本服务）和销售数据调整。如果是这样，就应该用如式（4.4）所示的乘法模型或者乘法—加法混合模型。

第 4 部分 软件和数据库

自给性开发的软件 GFCF= 软件开发人员的工资和薪金 × 考虑其他劳动力成本的上涨比例 × 其他活动耗用时间的有关调整 × 所有管理费用(管理费、中间投入、固定资本使用成本)× 销售调整 　　(4.4)

（7）R&D 和软件

2008 版 SNA 中承认了 R&D 支出满足固定资产的一般定义，这一改变产生于 2002 年经合组织软件工作组的报告和前面提到的英国的研究结果之后。因此，经合组织软件工作组建议，估计自给性开发的软件的固定资本形成总额时，所有与软件 R&D 有关的成本都应该包括在内，且在其产生时就应该资本化。然而，在把 R&D 确认为资产的同时，仅仅把 R&D 提供的资本服务包含在这些成本中。章节 1.4、建议 3 和 R&D 章节中都讨论了这个问题。

（8）为确保国民经济核算的一致性进行进一步调整

当使用收入法估算国内生产总值是直接或间接地基于企业报告时，为确保国民经济核算的一致性，在编制总营业盈余时必须进行调整，因为"供给法"导致日常支出（中间消耗）和投资（固定资本形成总额）与企业报告中相比，存在很大的分解差异。这些调整应该基于单独用"供给法"估计固定资本形成总额与企业声明可资本化的内容之间的差异进行。为了汇编这些差异，应继续进行调查，在软件投资记入企业账户中时监督其资本化。

在实施 SNA 的软件资本化这一建议之前，为了与 SNA 完全一致，所有的软件支出全部被视为中间消耗，而不是固定资本形成总额。因此，在编制国民经济核算的过程中，上述对企业利润的调整不是一个新特征。换句话说，在实施 1993 版 SNA 之前，企业利润通过加上企业账户中"错误"列入投资的软件中间消耗进行调整。与此同时，企业报告的固定资本形成总额应减掉相同的数量。

软件资本化过程中出现重复计算的另一个原因是使用了特定的企业报

告。在应用供应法估算时，当使用企业报告估计固定资本形成总额的一般过程中包括企业的软件资本化时，国民经济核算中已经包括的软件投资已经产生重复计算（有时候在计算机硬件项下），因为有时候这些软件嵌入在硬件中，甚至有时候软件是与硬件分开购买的。这就是为什么在企业报告中必须从计算机硬件投资减去其中嵌入的已经资本化的软件。

一种可能的方法是，将按照商品流量法公布的软件资本化与软件投资的比例的调查者在相关调查（如资本支出调查）中的报告进行对比。由此得到的比例可以用于调整硬件数据，以避免出现这种重复计算。

28. 数据库

1993版SNA中将数据库作为软件的一种特殊情况来处理和测算，建议只有大型数据库可以资本化。这个建议很难实施，有以下几个原因：没有确切的定义，怎样鉴定一个数据库是否是大数据库，被包含在数据库中的信息的价值是不是应该包含进来，另外，一个数据库如何进行一般性估价。因此，许多国家完全没有对数据库进行资本化或者没有用国际上可比较的方式进行资本化。2004年经合组织对成员国的一项调查中显示，13个国家中有5个国家表示，它们估计固定资本形成总额时从中剔除了数据库，其余的8个国家表示原则上把数据库包含在固定资本形成总额中，但是其价值没有单独进行确认。

堪培拉Ⅱ组解决了这些议题的所有问题，给出的有关解决以上困难的建议已反映在2008版SNA中。

28.1 定义和处理

2008版SNA将数据库确认为资产类别"软件和数据库"下的一个独立的子类，并在第10.112～第10.114段中阐明了数据库是什么及如何确

第4部分 软件和数据库

定其价值。

10.112 数据库是指以某种允许高效访问和使用数据的方式组织起来的数据文件。数据库的开发可能是为自己专门使用,或者是为了整体销售,或者是为了以许可证形式销售——有了许可才可以访问数据库所包含的信息。能否将自己使用的数据库、购买的数据库或购买的数据库访问许可作为资产,需要应用各种标准条件加以判断。

10.113 一般而言,数据库创建只能用成本之和进行估价。数据库的成本中不应包含所用数据库管理系统(DBMS)的成本,后者属于计算机软件资产,除非它是经营租赁得来的。以恰当的格式进行数据准备的费用应包括在数据库的成本里,但最初获取或得到数据的费用不包括在内。其他费用包括:根据数据库开发过程中所花费时间而估计的时间人力成本、开发数据库过程中所使用资产资本服务的估值、当作中间消耗的项目成本。

10.114 用于销售的数据库应该以其市场价格来估价,这个市场价格中包括了数据库所包含的信息内容的价值。如果可以单独得到软件成分的价值,应该将其记入软件销售。

这一定义意味着所有的拥有数据使用周期超过1年的数据库,如果满足资产的一般定义(即预期给所有者带来经济利益,并行使所有权),应记录为固定资产。如果大小和类型都满足这个标准,则自给性开发开发的数据库和用于销售的数据库都应视作固定资产。数据库管理系统的价值通常在别处作为软件进行记录。这一定义还意味着数据库的范围不应局限于特定类型或由特定的活动产生的数据库,并且1993版SNA中提到的"大"的概念也已经不再适用。

创建的用于直接出售的数据库应按照其市场价格估价。同样,对数据库使用许可的支付费用也应该按其市场价格估价,并且如果使用许可符合资产的定义,就应该记录为固定资本形成总额,如果不满足资产的定义就应该记录为中间消耗,处理方式与软件许可的处理方式相同,见前文。

大多数数据库都是为了自己使用而创建，或仅仅是供内部使用，或通过使用许可或复制进行传播。满足资产定义的那些数据库的固定资本形成总额按照成本和进行估价，与软件的估价方式一样。但是，软件和数据库（不包括数据库管理系统）之间存在一个非常重要的区别：与软件不同，在满足资产定义的数据库中的数据不需要进行维护。数据的价值可能随着时间的推移变得过时而下降，但不会由于折旧而下降，满足固定资产条件的数据库，其更新费用应该记录为固定资本形成总额。

出于测算的原因，2008版SNA建议用成本和估计数据库的固定资本形成总额时不包括获取信息的费用，否则通常要间接地对知识资本化。另外，在SNA中知识的资本化将引起不一致，因为知识的资本化取决于它是如何存储的。如果知识被存储并嵌入在数据库中，那么它将被资本化。但是如果它存储在其他载体之中，如纸质文件，则将不能被资本化。此外，这些数据或信息可能已经作为固定资产记录在国民经济账户中，分类在"娱乐、文学和艺术原件"下；也可能未被记录，如纸质档案。

关键问题是哪些信息的服务时间会超过1年，因为数据或信息的预期服务寿命长度决定数据库是否能记录为一项固定资产。如果能够满足以下两个条件之一，它将是一个很好的指标。

①预期储存在数据库中1年以上的特殊数据；

②预期在1年之内将在最初储存的数据库中进行更新、替换，之后存档在二级数据库中的特有数据。

> 建议38：如果数据库中的一份特有数据预期存储在数据库中或者存档在二级数据库中1年以上，那么数据库就应该记录为一项资产。

第 4 部分　软件和数据库

28.2　测算

大多数数据库都是自给性开发建立，有的是为了内部使用，有的是为了通过使用许可方式进行销售。购置许可证的费用应视为固定资本形成总额还是中间消耗，其确定规则与软件方面的规则相同。

大多数数据库（不是所有数据库）的一个特征是经常更新，外部用户需要经常为被更新版本替代后的复制品支付费用，如很多统计数据库经常出现这种情况。对经常更新的数据库的访问通常通过年度订阅获得，并且用户将数据库服务作为消费而不是固定资本形成。但是也有例外，例如，销售一张由国家统计局制作的光碟上的人口普查数据，并且这一数据库可以使用 5 年或者 10 年之久。然而，对于购买数据库的固定资本形成总额到底有多少，这一信息仍然是缺乏的。

作为软件来讲，数据库的固定资本形成总额的估计可以通过需求法或者供应法获得，至少在概念上是可行的。但是和软件不同，购买的能确认为固定资本形成总额的数据库或者数据库服务是少量的，但是许多情况下也有例外，如人口普查数据库。因此，建议重点应放在测算自给性开发的数据库的固定资本形成总额上，购买的数据库或者数据库服务只有在销售明朗的特殊情况下才能记录为固定资本形成。

创建数据库需要多少支出一直很难确定。没有特殊的数据库产业，并且第 1.1 版的《产品总分类》（CPC）中也没有提供合适的、能够覆盖不包括太多其他东西的数据库的类别。在第 2 版《产品总分类》的引言中，这部分已经发生变化，现在有一个单独的涉及数据库的类别，即"事实、信息的原始编译"（83940）。但是如何收集这类数据尚待观察。

需求法

一项"理想"的调查的范围应该是经济中所有单位，如果将它与软件调查或者更多的普查相结合将会有很大的优势，将会缩小调查成本，且有助于避免把在自给性开发研究中开发的数据库管理系统的价值包含在数据库的价值内。对于软件，调查中应区分与供自己最终使用的数据库有关的外部成本和内部创建数据库的内部成本。另外，如果可以的话，该调查应该要求公司自己对数据库资本进行估计。

关于外部成本（支出），应该要求企业包含用于数据库原件的支出（公司保留数据库原件的所有产权，并且可以生产复制品出售），但是要排除用于二次出售的数据库的支出及用于数据库管理系统的所有支出。外部成本不包括所有用于纳入数据库中的数据或其他信息的支出，但是包含所有嵌入到对一个数据库准备数据或者下载数据中的所有服务的成本。

自给性开发的数据库的成本

这一类别涵盖了创建数据库原件的内部成本，其中公司对数据库原件保留所有产权，并且可以生产复制品出售，或者把复制品嵌入到计算机硬件或者其他设备中。这一类同时包括了供自己内部使用的数据库。但是不包括用于直接出售的数据库的创建成本。这一类别还包括使用数据库管理系统和将数据、信息加载到数据库中及进行更新的费用（但是不包括数据库管理系统本身的费用）。这要求计算所有的劳动成本和其他的以下成本：劳动成本和其他成本的计算如下。

（1）劳动总成本

①参与规范数据库管理系统，将数据、信息加载数据库中及进行更新工作的内部员工数量；

②估计内部员工用于数据库工作上的平均时间；

③从事数据库创建员工的平均薪水，包括工资、薪水、奖金、雇主的社会捐助和其他的特殊福利。

（2）其他成本

①与从事数据库创建和更新*的雇佣员工相关的支出，包括管理费用、

第4部分 软件和数据库

培训、人事管理、办公用品、电费、租金等,以及使用企业固定资本的成本;

②与数据库创建相关的所有其他中间消耗,包括不能被确认为固定资产的软件的成本;

③与数据库创建成本相关的税收,如工资税。

*更新费用按创建数据库成本的比例计算。

供给法

这一方法的使用与测算自给性开发的软件原件时一样。由于缺少职业群体创建数据库的时间比例的数据,建议直接的劳动成本由数据库助理/文员(ISCO-88 4113)消耗的工作时间中没有分配到软件开发部分的时间决定。非劳动成本、固定资产的使用成本应由类似的方法推导得出。

不是所有的数据库创建都可以作为固定资本形成总额。如果对这一比例的信息缺乏,我们建议设定为50%。

29. 软件和数据库的国际贸易

伴随着近几年国际贸易量的增长,对服务贸易有效、详细和更加适应国际化的数据的需求也在增长,最大的关注点是软件交易的数据,因为这些数据被认为是非常广泛并且是动态的。但是测算软件贸易的流量数据非常困难,这是由于软件可以嵌入多种介质(包括有形的和无形的),通过多种方式进行交易。另外,软件可以通过使用许可证或复制许可证的方式出售,这种方式可能包括也可能不包括软件实体的供应。

软件通常和硬件、其他计算机或咨询服务绑定在一起。计算机软件只是众多所谓的数字化产品中的一种,其他产品如音乐、电影、数据、电视节目、新闻和文学,而这些可能视为能呈现与国际贸易相关的类似的测算问题。

从实际情况考虑国际贸易划分比产品分类更严格,分为货物贸易和服务贸易。以下是软件在国际贸易中应分类货物贸易或是服务贸易的 8 种案例(可能还有更多)。

①最直接的例子是软件包在哪里交易,其中说明书在一张物质磁盘上,如光碟。但是,如果它是基于媒介而不是软件内容或者许可证的使用程度进行交易,此时估值通常会存在问题。

②软件可能安装在设备或机器上,如计算机上,此时软件贸易可能只是包含在设备的交易中。①和②两种情形都视为货物贸易。

③一些软件的一件单一复制品(实体的或网上的)出售给一家外国公司,这家公司支付一笔许可费后可以长期使用。许可费应记入服务贸易中,但是在当前的国际贸易分类中,无法将其单独确认为软件交易。这里需指出的是,大型企业或机构对使用许可协议进行协商,且把支付的费用从软件的实体供给中分离出来,这种现象是不常见的。

④一些软件的一件单一复制品(实体的或网上的)出售给一家外国公司,这可能是一家附属子公司,之后这家公司经过许可在一定限制条件内生产或进一步出售复制品,或将软件嵌入到硬件或其他软件中转售。这部分版权费记入服务贸易中,但是在当前的国际贸易分类中仍无法将其单独确认为软件交易。

⑤对于定制软件的交易,如果以实体形式出售,在海关贸易报告中应记入货物贸易,但是在 BPM 6 的指导原则下可能将之转移到计算机服务贸易或者资产购置中,这取决于交易的物质性质。

⑥软件可以进行在线国际交易,这些情况下默认为不记录在海关报告中。BPM 6 建议,下载软件应视为计算机服务处理。

⑦当软件经常更新时客户可以订阅软件服务,如杀毒软件和数据库,接受在线更新(可能要下载全部或部分软件包)。

⑧最后,软件可以在同一集团内的一家子公司出售给另一家子公司,

第 4 部分 软件和数据库

这也产生了国际交易。这是软件贸易的一个重要组成部分。虽然可以按照上述的情形进行处理，本手册不能保证对此进行统一处理。另一种可能的情形是，这些交易可能被视为内部计算机服务或版权费处理，归入其他管理费用、相关企业的服务贸易、货物贸易类型中，或者在一些极端情况下不记录，也没有可以保证的市场估价。

本章节中给出了软件国际贸易的定义，声明了贸易中的特定部分是否应视为固定资本形成测算的解决方案。这样做的目的是为了确定测算中可以改进的方面，为以后的分类、实践报告和进一步的工作提出改进意见，尤其是关于在测算软件货物贸易、计算机服务和版权费方面。进一步讲，它解决了两个具体问题：一是软件在线交易，二是与软件有关的货物贸易和服务贸易之间的边界问题。

从这些看来，也许所有数据库服务的支出都应视为中间消耗，而不能视为资本形成。

29.1 概念和分类问题

正如第 1 部分所述，在当前的国际贸易类别或国际收支平衡表（BOP）中，计算机软件产品没有给出明确的定义，尽管 BPM 6、2010 IMTS 和 EBOPS 中的分类在某种程度上对此进行了改进。本章节不再重复第 1 部分中对软件的讨论，而是关注和软件的国际贸易相关的问题。

对于货物贸易而言，可能有很多和软件商品贸易相关的 HS 商品分类。在国际商品贸易统计（IMTS）中的第 27 段，列出了在国际贸易中对软件商品记录的指导。它描述了在 HS 标题中与软件相关的商品：85.24。这些分类包括，包含磁盘的包装、存储计算机软件的光盘和一般用途或商业用途的数据开发，不管有没有用户的手册。然而，存储计算机软件的磁盘或者光盘、数据的开发都将排除在国际商品贸易统计数据之外。IMTS 仍然不管这些货物有没有携带软件或者订购数据开发，仍作为服务贸易的一部分。需要注意的是，HS 编码没有区分从套装软件中携带定制软件的媒介。在 2007 年更新的 HS 编码中，85.24 被 85.23 所代替，并且情况甚至更糟糕，因为在媒介对这些变化有或没有任何记录都变得无关紧要。

对于在线交付的标准软件和数据库，目前没有进行清晰地分类指导，就像其他的数字产品的案例一样。然而，BPM 6 建议将下载的软件记录为计算机服务。

在基本的贸易数据和 SNA 中的对投资资本测算的原理之间，有一些不同的地方。首先，BOP 的贸易系列在商品或服务交易时间的长度上没有区别，而 SNA 建议，使用期限大于 1 年的软件才记录为固定资本。其次，BOP 将维修记录为计算机服务而非商品，没有清楚地界定维修的范围，而 SNA 将其改进记录为固定资本，其范围超过了固定资本形成总额中的普通的维护和维修。这些不同点在 BPM 6 中得到了纠正。

29.2 结论和建议

当今的国际贸易和国际收支平衡的分类与统计在计算机软件的国际贸易中不是很有用。只有少数国家在软件贸易中有令人满意的数据。供应使用表应该和软件的交易更加吻合。

这也就是说在 BMP 6、2010 IMTS 和 EBOPS 中的分类体系应该在这些方面进行改进。HS 系统同样需要改进，但是对 HS 编码中标准国际分组的改进，要以提高软件产品贸易的国际可比较性为目的。

另外，两个主要领域的跟进工作已经确定，其中的问题没有确切答案，并且似乎不必要过早地做出具体建议。首先，应该研究软件商品是如何估价的，并且明白国家在软件商品或服务的贸易中是否，以及如何协调对软件的测量，以确保分配标准，考虑到所有方面又不重复计算。其次，网上

第 4 部分　软件和数据库

销售、购买及交付软件给其他国家都需要进一步的调查，也许可以通过互联网和电子商务进行调查。对于前面提到的去识别 CPC Ver.2 编码和 HS 编码相关的联系，这还需要进一步的工作。

30. 价格和物量

　　当对软件和数据库的物量进行估算时，将软件分成以下 3 个部分是非常明智的：套装软件（或现成软件）、定制软件和自给性开发的软件，然后对它们和数据库分别进行平减。这样做的原因包括如下方面：第一，软件 3 个部分和数据库价格的数据对编制物价指数的可利用程度有所不同。第二，它们的价格和销量的增速有所不同，特别是外包和其他两个软件部分和数据库之间。第三，基于前面的观点，如果其他两个部分的没有更合适的价格指标可以利用，那么可以用套装软件的价格指数来构建其他两个部分的价格指数。第四，项目量的估算是根据用户自己的所有权来确定的。

　　套装软件的购买规模非常大，通常通过使用权的形式买卖，并且有大量的价格数据可以利用。现在的挑战是，在不影响产品规格和其他任何方面品质的情况下构建价格指数。伴随着常用软件副本的大量出售，快速增长的经济规模使得价格下降。定制软件也在市场上出售，但是每一款定制软件的生产都是一次性的，这对价格指数的编制来说是一个明显的问题。尽管生产每一个定制软件都是不同的，但是不同的产品也许会用通用的组件，或者用于开发一个产品的生产策略会用于另一个产品。这不只是对编制价格指数的一个可能的方法，同时意味着生产率可能带来价格的下行压力。

　　2002 年经合组织软件工作小组发现用于推测软件固定资本形成总额估计量的平减指数在其成员国之间存在很大的区别。这在很大程度上反映出了很多国家没有合适的价格指数，而用其他商品或服务的价格指数来代替。

一方面由于经合组织软件工作小组的研究报告，另一方面由于欧盟强制规定其成员国采用更适当的物价平减指数，这些差异才得以减少。在这一决定中，欧盟指示了应该制定什么形式的价格指数。但这些都是一般性的，对于在实际中对这些产品制定最合适的价格指数还需要做更多的工作。

有一件事是非常清楚的，就是最好的结果可以在输入—输出框架中实现。这确保了在内部对缩减指数的解决方案的一致性。对于很多国家来说，购买的软件的很大部分来自于进口。如果使用方的价格和数量与其进口是一致的，那么其误差至少在国内生产总值这一水平上，不会有很大差别。

在对软件固定资本形成总额的价格指数推算上的挑战性有两个特殊的特征。第一，它们的数量和质量变化非常快；第二，价格的数据只对购买套装软件可用。本节介绍了软件和数据库的价格指数应该并且怎样编制。它区分为套装软件、定制软件、自给性开发的软件和数据库。当编制价格指数最可取的办法只能是从长远来看，那么要给出次要的、短期试用的解决方案。

30.1 对软件和数据库构建价格指数

套装软件平减指数

一般来说，经合组织所有成员国应该制定长期的套装软件的价格指数。这应该包括企业和家庭所获得的软件，还应充分考虑到软件质变的核算。正如前面所述，制定一个无偏差的指标是非常困难的，并且仍然需要一些调整。如果是这样的话，应该是基于客观数据的调整，并且应该对用户公开。其他国家的可比性改进是调整过程中的一个重要指标。

在对套装软件的价格指数制定上，美国一直是领先者。美国的套装软件生产者价格指数是由美国劳工统计局编制的，于1997年12月首次发行。它是基于对生产上的销售价格的调查而编译的，即取材于生产第一线、从

第 4 部分　软件和数据库

套装软件厂商采集的样品。劳工统计局从原始设备制造商和成品渠道获得包括完整版和软件升级的价格报价。

劳工统计局制定的套装软件的价格指数的方法，是固定匹配模型的拉氏价格指数，计划每 5～7 年更新其衡量标准。因为通过匹配模型的价格指数测量价格变动时有偏差，美国经济分析局从 2000 年开始对劳工统计局的套装软件的价格指数进行调整。这一调整是综合了对电子表格、文字处理和数据库的匹配模型的价格指数和对电子表格、文字处理的美国经济分析局的价格指数。在 1985—1993 年，这两种价格指数之间的年平均差异为 –6.3%。美国经济分析局对这一差异的调整是取以上不同的价格指数平均值的一半，即 –3.15%。不言而喻，使用机械调整后的价格指数不是长期的办法。

然而，美国经济分析局的价格指数建议在短期内使用，因为一方面美国在市场中占有主导地位；另一方面使用相同的索引可以保证国家之间的对比性。对于美国以外的国家，美国的价格指数可以根据汇率变动或者购买力平价指数进行调整，并且它可以反映，美国发布的新软件和那些使用调整后的美国物价指数的国家之间的时序上有不同。使用汇率的问题是，它们可能会出现波动，而且软件供应商可能出于竞争的原因不会按照实际调整进口软件的价格。使用购买力平价指数的问题是，它们可能不够详细，并且收集得并不频繁。

一种可能的解决办法是联系主要的软件供应商，并询问他们如何设置和调整自己的价格，同时问他们在美国发行的软件和在本土发行之间通常的滞后期是多少。

尽管国产软件的价格和进口软件的价格可能不会以相同的方式变化，但是和使用与软件没有直接关系的价格指数相比，最好还是使用美国经济分析局的价格指数进行适度调整。这里建议，美国经济分析局的指数可以用本国和美国间的通货膨胀率相对指数来调整（最好使用本国与美国的生产价格指数相对水平来调整）。

定制软件的平减指数

前面提到的标准价格指数技术不适用于定制软件，至少不能直接应用，因为每一款产品都是独特的。对独一无二的产品构建的价格指数的描述始于2004年的生产者价格指数手册中，包括模型定价、近期的重复销售、规范定价和组件的定价。这其中最有可能实现的是第一个模型定价。模型定价包括要求生产者根据最近的订单来制定一个理论产品。每个时段的受访者都会要求提供一个假设性的价格。模型规范需要随着时间的推移而改变，以反映市场的变化。

对于定制软件和自给性开发的软件来说，软件生产者价格指数手册建议，对功能的分析是构造价格指数的一个潜在的方法。功能点指标是用于衡量软件规模和生产力的方法。它使用功能性、逻辑性的实体，如输入、输出并提出要求，相对比代码行数等其他方式更能适用于软件的功能。基本的功能分为5组：输出、查询、输入、文件和接口。一个功能点的定义是根据最终用户的业务功能来确定的，如用于输入的查询。确定软件产品的规模的方式包括，计算每种类型的功能点的数量并对它们加权。这是一项耗时的业务，并且问题是两名训练有素的分析师对同一软件产品的技术是否会做出同样的计数。不过正如刚刚描述过的，有一大批软件公司和其他公司致力于功能点的分析，并正在努力解决这一困难。

在编写本手册时，我们还没有发现为定制软件编制的令人满意的价格指数，所以对如何编制这一价格指数这个问题提出建议还为时尚早，但是模型定价和对功能点的分析似乎是最好的方法。

美国定制软件的价格指数是由套装软件指数与基于软件生产成本的投入价格指数的加权平均得到的。这两个指数的权重是主观给定的：套装软件的权重是25%，投入价格指数的权重为75%。其原理是，一些生产率的

第 4 部分　软件和数据库

增长可以根据定制软件的生产来预期，但是用于套装软件的生产，并不以相同的速率增长。至少有另外两个国家采用了美国的这一方法（澳大利亚和加拿大）。为此这些国家应该采用美国套装软件指数的加权平均，根据通货膨胀率差异进行调整（见前文），并编译自己国家的投入成本指数。

另外一个比较好的方法是，采用对可以观察到的相关行业的多要素生产率增长的估计值，来调整定制软件的投入价格指数。

自给性开发的软件平减指数

从长远来看，当定制软件的价格指数可用时，就可以合理地用于自给性开发的软件生产中。在此期间，国家可以使用与定制软件所用的相同的方法。

数据库平减指数

数据库通常是一个小的市场里面的异质产品，因为大部分数据库都是供内部使用的。这使得出台一个真实的价格指数非常困难。因此，我们必须考虑用其替代品，大概有 3 种：一是编制一个投入价格指数，但这意味着生产率面临零增长。二是通过假定数据库产品与其他产业的 MFP 增长相似来调整投入价格指数。三是使用相关活动所用的价格指数，前提是这些活动使用的价格指数是高质量的。

31. 资本测算

资本测算指的是在 2008 版 SNA 中提到的固定资本形成总额、资本服务、净资本存量和固定资本消耗。其定义和重要性在里面都有所描述。这些测算方法在第 1 部分中有所讨论，同时也是新版经合组织资本测算手册里面的主题。对建议 15 应注意以下事项：当使用 PIM 时，有相当精确的使用年限是很重要的。几何模型有许多优点，所以我们应该使用这一模型，除非在概念上或实际使用时有很强的异议。

几乎所有的国家都用永续盘存法来计算它们的资本服务、净资本存量和固定资本消耗。正如它的名字所表示的含义，永续盘存法是随着时间的推移汇总固定资本形成总额，但是允许其效率和价值降低，直到其资产消耗其使用寿命的结束。永续盘存法要应用到资产组合中，通常是在固定资本形成总额数据可获得，信息最详细的时候。

永续盘存法的关键参数是对一组相似类型的资产的使用寿命进行预测，其生产能力或者效率将下降，因为随着使用年数的增加，其预期价值也将下降。最后两项是相互依存的，其关系取决于贴现率。不是所有组内的资产都预计会有相同长的使用寿命，所以通常使用概率函数来区分。下节将介绍为软件和数据库设置参数值的问题。

31.1 服务寿命

永续盘存法中最重要的参数就是服务寿命。将服务寿命设计为 10 年而不是 5 年将会对资本测算的估计产生很大的不同。净资本存量几近翻倍，并且伴随典型的强劲增长，固定资本消耗将明显变小。因此，它值得引起重视。有几种方法可以获得对服务寿命的预估，包括：对软件用户调查、对软件供应商调查和咨询软件顾问。

调查软件用户

这可能需要询问软件用户他们最近一年获得的不同形式的软件包括套装软件、定制软件和自给性开发的软件的预期的服务寿命。或者可以问他们刚刚淘汰的软件产品的服务寿命。这些问题适合在需求方的调查中出现。

调查软件供应商

大部分套装软件是通过使用权的方式获得的。软件供应商预计可以获

第 4 部分　软件和数据库

得表明所有权年限的记录。但是问题在于他们能区分出企业和家庭用户的区别吗？

咨询软件顾问

在众多的 IT 咨询公司中，有的可能已经对这一事项进行研究。它们一般不免费提供这些信息，但它仍可能是一个具有成本效益的解决方案。它们也可能提供数据库的相关信息。

31.2　国家实践

目前许多国家没有得到对资本服务的估计并且它们没有列出一个寿命—效率的函数。但是它们列出了使用寿命—价格函数，它决定了一项或一组资产的价值随着服务寿命的增加而下降。2002 年经合组织软件工作小组要求它的成员国报告它们使用的服务寿命，并且它们的年龄—价格函数的函数结构和它们所使用的淘汰分布函数。表 10 给出了相应的结果。

表 10　软件资本存量估计，永续盘存法参数的问卷调查结果（2002）

国家	使用寿命		年龄—效率或年龄—价格函数	淘汰分布函数
	自给性开发的软件和定制软件	预装或套装软件		
澳大利亚	Pre 89/90 -8 Post 89/90 6	6 4	年龄—效率的双曲函数	套装软件与其他软件的斜态淘汰分布
加拿大	5	3	直线函数	截尾正态分布
捷克共和国	5	4.5	直线函数	对数正态分布
丹麦	6[a]	4[b]	直线函数	温弗里 S3 分布
芬兰	5		直线函数	斜态威布尔分布

续表

国家	使用寿命		年龄—效率或年龄—价格函数	淘汰分布函数
	自给性开发的软件和定制软件	预装或套装软件		
法国	5		直线函数	对数正态分布
意大利	5		直线函数	截尾正态分布
日本	5		直线函数	无
荷兰	3		直线函数	威布尔分布
西班牙	4		年龄—价格的单马车函数	线性时变
瑞典	10[a]	5[b]	集合函数	无
英国	5		直线函数	正态分布
美国	5	3	几何函数	无

注：a. 只包含自给性开发业务软件；b. 所有购买的软件，以 2008 年为始。

除了瑞典，几乎所有的受访国家上报的服务寿命都是 5 年左右。有些国家规定定制软件和自给性开发业务软件的服务寿命同套装软件的服务寿命区别开，并不约而同地为套装软件设定一个较短的使用寿命。由于自给性开发的软件和定制软件的高成本和专业性，这是唯一可以预期做到的。澳大利亚声称发现使用寿命随着时间的推移而下降，并从 1989—1990 开始设置较短的使用寿命。

澳大利亚通过假定贴现率为 4%，用年龄—效率的双曲函数推导出了相应的年龄—价格函数。荷兰采用了相似的过程，但是使用的是年龄价格的单马车函数。其他国家大都采用的直线折旧率，即年龄—价格函数假定为线性下降的。两个例外的国家是瑞典和美国，它们使用了几何的年龄—价格函数。

第 4 部分　软件和数据库

几乎所有的没有使用几何的年龄—价格函数的国家都使用了淘汰分布函数，但它们很少有共同点。

2008年对经合组织成员国进行了另一项调查，其调查结果如表11所示。这项调查仅寻找服务寿命的信息。

表 11　软件服务年限（2008 年）

	自给性开发的软件和定制软件	购买的软件	总计
澳大利亚			折旧率 30%
比利时			3
加拿大	5	3	
捷克共和国			4.5
丹麦	6	4	
匈牙利			5
以色列	5	3	
日本			5
荷兰			3
新西兰			4
波兰			8
斯洛伐克共和国			5
西班牙			4
美国	5	3	

在两项调查中都报告了服务寿命的国家中，2002年调查和2008年调查报告的软件服务寿命没有发生变化。

附录 G　企业核算的经验

在引入 1993 版 SNA 之前，企业会计师认为软件都具有资产的特征，不论是购买的还是内部生产的。一般情况下，企业会计准则建议只要技术上可行那么就要使软件资产化。本附录将详细介绍 3 条会计准则——美国公认会计准则、国际金融报告标准和法国的企业会计制度——尽管这些建议在实践中对识别企业账户中的软件仍有许多困难，但是一些会计原则不会对这些困难进行评价。

美国通用会计准则

软件会计准则的前身在很多方面是美国通用会计准则（GAAP）。财务会计准则委员会第 86 条声明是第 1 个供软件核算标准处理方法的声明。尽管这没有包含内部开发以供内部使用的软件，这条声明还为软件出售或出租（包括用于原件再生产）提供了清晰的指导，并明确指出应支付软件在研究开发阶段被出售或租赁的费用，直到软件在技术上变得可行。当成本应该进行资本化并且作为主副本时随后的成本应该作为无形资产来资本化。1998 年 12 月生效的财务会计准则委员会声明，也给内部使用软件的开发和购买提供了指导。这表示对这一类软件的支出也应该予以资本化，但资本化的对象不包括在执行或操作最后阶段的成本，如培训和维护的开支。

国际金融报告标准

国际金融报告标准的第 38 号声明指出只有当归属于资产的未来的经济利益将要流入企业，并且能够可靠地测算该项资产的成本变成可能的时候，企业才能将其视作一项无形资产。此外，它还指出在研究阶段的所有费用都应该作为当期费用。在开发阶段的费用应该资本化,如果企业能够满足以下所有要求:技术可行性;有意图和能力完成为使用或出售的资本;有能力使用或出售该资产;预期的未来经济收益;有能力对开发阶段的支出测量。无形资产的价值应该是累加的开发成本。内部开发软件的成本包括:在生产过程中材料和服务使用的支出;工资薪水和其他直接从事生产的相关人事费用;其他用于直接生成资本的任何支出;能够合理分配和一致的基础费用。软件成本不应包括销售、行政管理和其他的间接费用,也不包括对员工的培训成本。

法国的企业会计制度

法国的企业会计制度建议将软件项目拆分为以下 8 个阶段。

①可行性的预分析;

②功能分析;

③详细分析;

④程序设计;

⑤测试;

⑥文档编制;

⑦培训;

⑧维护。

根据这一建议,只有发生在第②~第⑥阶段的花费才能计入内部软件的估值成本。

企业账户中软件成本的确定

要以人们可接受的方式从企业账户记录信息中正确识别出企业账户中的软件成本变得非常复杂。对于软件的资本化成本一般划分在"无形成本"之下。无形成本包括科技知识、设计和实施新的流程或系统、许可权、知识产权、商标（包括品牌名称和出版权）等。例如，包括计算机软件、专利、版权、影视、客户名单、抵押服务权、进口配额和销售权。此外，无形成本的折旧可能包括上述部分或全部没有与软件项目相关特定标示的无形资产。

软件支出也可能会有问题存在，因为实际的成本经常是分成几个账户的，包括咨询费用、研发费用、电脑费用、人工成本、工资成本、设备折旧、软件摊销、办公用品、直接生产成本、其他账户、公共事业费用及其他费用账户。这种异质性使得全面计算软件总成本尤为困难。对相关产品的改进和更新的支出问题尤其困难（相比于原来的开发成本）。

附录 H 软件相关分类

内容

附表 1　CPA 2008 软件购买

附表 2　CPA 2008 自给性开发的软件开发

附表 3　ISIC 第 4 版软件购买

附表 4　ISIC 第 4 版自给性开发的软件开发

附表 5　CPA 2008 详细说明列表

附表 6　ISIC 第 4 版详细说明列表

附表 7　CPA 2008、ISIC 第 4 版和 CPC 第 2 版对照

附表 8　ISIC 第 3.1 版和 ISIC 第 4 版对照

附表 9　CPA 2002 和 CPA 2008 对照

CPA 对照表

以下是基于欧洲产品分类系统的对照表。其中的处理已经是没有争议的，没有进一步给出解释。

附表1考虑了软件购买附表2考虑了自给性开发性生产，即购买者打算自己使用，并没有打算进一步加工也没有打算随后捆绑、嵌入销售，且该软件的购买也不作为自给性开发的一部分。

附表1 CPA 2008 软件购买

CPA 2008 编码	产品说明	中间消耗或投资
58.2	软件发布服务	
	我们的理解是，这一类包括对已存在的原件（包括游戏）的销售和软件复制（现成的软件，无论是不是媒介）。它包括使用权和复制权及租金	
	• 软件原件（已存在软件原件的购买）	固定资本形成总额
	• 其他对软件的再生产、出租、租赁或许可权。包括支付"多次复制"的许可权（付款方式包括特许权费用、佣金、手续费等）	
	——当用于嵌入、捆绑到其他用于出售的产品或软件而购买或者只是转卖时	中间消耗
	——使用合同不超过1年时	中间消耗
	——使用合同超过1年时	固定资本形成总额（游戏除外[①]）
	• 用于销售的软件再生产权的支付	
	——如果该许可权具有对软件原件的经济所有权部分或全部的改变	固定资本形成总额

---

① 游戏厅、游戏租赁公司等购买的除外。

第 4 部分　软件和数据库

续表

CPA 2008 编码	产品说明	中间消耗或投资
	——如果该许可权只是对外观具有经营租赁权	中间消耗
62.01	计算机编程服务	
	● IT 设计和应用程序开发服务	固定资本形成
	● IT 设计和网络和系统开发服务	固定资本形成
	● 软件原件	固定资本形成
62.02.20	系统和软件咨询服务	
	● 软件预期使用年限超过 1 年	
	——对于包含或嵌入在原始的自给性开发业务之中的软件——如果自给性开发业务产品直接资本化则他的价值就不应该包括这些成本	固定资本形成
	——如果软件被最终用户购买并纳入一个自给性开发业务软件之中那么这部分支出也许会作为中间消耗来处理，只要这部分的价值包含在了自给性开发业务产品之中	中间消耗
	● 预期使用年限少于 1 年（包括购买定制软件然后转售给其他用户或者客户端）	中间消耗
62.02.30	IT 技术支持服务	中间消耗
62.03	计算机设备管理服务	中间消耗
62.09	其他信息技术及计算机服务	中间消耗
63.11.11	数据处理服务	中间消耗
63.11.12	网络寄存服务	中间消耗
63.11.13	应用服务配置	
	● 合同少于 1 年	中间消耗
	● 合同超过 1 年	固定资本形成

续表

CPA 2008 编码	产品说明	中间消耗或投资
63.11.19	其他寄存和 IT 基础设施供应服务	中间消耗
63.12.10	门户网站内容	中间消耗

附表 2 中是可以纳入自给性开发的软件开发成本的软件分类。

附表 2　CPA 2008 自给性开发的软件产品

CPA 2008 编码	产品描述	中间消耗或投资
62.02.20	系统和软件咨询服务	
62.02.30	IT 技术支持服务	
62.03	计算机设备管理服务	

第 4 版国际标准产品分类（ISIC）对照表

附表 3 至附表 9 是基于所有经济活动的国际标准产业分类第 4 次修订版。

附表 3　ISIC 第 4 版软件购买

ISIC 第 4 版编码	产品描述	中间消耗或投资
5820	软件发行 这一类与 CPA 58.2 相似	
	• 软件原件 –（购买预先存在的软件原件）	固定资本形成
	• 其他再生产权的购买、租赁、出租或售卖许可权的软件。包括支付"多次复制"的许可权（付款方式包括，特许权费用、佣金、手续费等）	
	——当用于嵌入、捆绑到其他用于出售的产品或软件而购买或者只是转卖时	中间消耗
	——使用合同不超过 1 年时	中间消耗

第4部分 软件和数据库

续表

ISIC 第 4 版编码	产品描述	中间消耗或投资
	——使用合同超过 1 年时	固定资本形成总额（游戏除外①）
	• 用于销售的软件再生产权的支付	
	——如果该许可权具有对软件原件的经济所有权部分或全部的改变	固定资本形成总额
	——如果该许可权只是对外观具有经营租赁权	中间消耗
6201	计算机程序设计活动 这一类与 CPA 的 62.01 相似	固定资本形成
6202	计算机咨询及计算机设备管理活动 这一类与 CPA 62.02 相似，意味着它包括 CPA 62.02.10 的"硬件咨询服务"加上 CPA 62.02.20 的系统和软件咨询服务，和 CPA 62.02.30 "IT 技术支持服务"。它的定义规定服务包括了硬件的提供。如果硬件被包括进来，那么他应该归类为固定资本形成总额。有些服务包括软件提供和软件支持一般情况下应该包含在购买软件或者自给性开发的软件开发成本中	
	• 预期使用年限超过 1 年的软件	
	——对于包含或嵌入在自给性开发业务之中的"原始软件"——如果自给性开发业务产品直接资本化则他的价值就不应该包括这些成本	固定资本形成
	——如果软件被最终用户购买并纳入一个自给性开发业务软件之中那么这部分支出也许会作为中间消耗来处理，只要这部分的价值包含在了自给性开发业务产品之中	中间消耗
	• 预期使用年限少于 1 年（包括购买定制软件然后转售给其他用户或者客户端）	中间消耗

① 游戏厅、游戏租赁公司等购买的除外。

续表

ISIC 第 4 版编码	产品描述	中间消耗或投资
6209	其他信息技术和计算机服务活动 这一类与 CPA 62.09 相似	中间消耗
6311	数据处理、存储及相关活动	
	• 应用服务供应	
	——合同期限少于 1 年	中间消耗
	——合同期限超过 1 年	固定资本形成总额

附表 4　ISIC 第 4 版自给性开发的软件开发

ISIC 第 4 版	产品描述	中间消耗或投资
6201	计算机程序设计活动	
6202	计算机咨询和计算机设备管理活动	

附表 5　CPA 2008 详细说明列表

58.2	软件发行服务
58.21	计算机游戏发行服务
58.21.10	计算机游戏，套装的
58.21.20	下载的计算机游戏 这一子类包括： ——包含电脑游戏的能够下载并存储在本定设备上的电子文件
58.21.30	网页游戏 这一子类包括： ——提供能够在网上运行的游戏，例如，角色扮演游戏、战略游戏、动作游戏、纸牌游戏、儿童游戏

第4部分 软件和数据库

续表

58.21.30	可以通过认购付款或者按次收费 这一子类不包括： ——网络赌博服务；参阅92.00.14
58.21.40	对于电脑游戏玩家的权利许可服务 这一子类包括： ——计算机程序的复制、分发或者合并等，程序说明和辅助材料的许可权服务 这一子类不包括： ——取得权限和出版服务，参阅58 ——现成（包装的）软件，参阅58.2 ——最终用户的许可权作为套装软件的一部分，请参阅58.2
58.29.1	软件系统，套装软件
58.29.11	整套的操作系统 这一子类包括： ——当没有应用程序运行时提供给用户外设接口服务、任务调度、分配存储空间并提供默认界面的底层软件 包括所有的客户端和网络操作系统
58.29.12	整套的网络软件 这一子类包括： ——在中心位置通过网络以综合协作的方式来对操作系统、网络、网络服务、数据库、数据存储和网络应用进行控制、监视、管理和使用的软件 包括所有的网络管理软件、服务器软件、安全和加密软件、中介软件等
58.29.13	整套的数据库管理软件 这一子类包括： ——用于在数据库中进行存储、修改和提取操作的软件程序的集合或套件 有许多不同类型的数据库管理系统，这些系统是在大型计算机上运行庞大系统的小型系统

续表

58.29.14	整套的开发工具和编程语言软件 这一子类包括： ——用于帮助计算机程序开发或制作的软件 ——支持专业开发人员在产品设计、开发、实施的软件系统和解决方案	
58.29.2	整套的应用软件	
58.29.21	整套的企业生产率和家庭使用的应用软件 这一子类包括： ——为了提高企业生产率或者在家庭中用于娱乐参考或者教育的软件。包括用于办公的应用软件，如文字处理、电子表格、简单的数据库、图形应用程序、项目管理软件、基于计算机的培训软件、参考、家庭教育等	
58.29.29	其他整套的应用软件 这一子类包括： ——跨行业应用软件，这类软件的设计是用来执行且/或管理特定的业务功能或过程，并且这并不为一个特定行业所特有。包括专业的会计软件、人力资源管理、客户关系管理软件、地理信息系统软件、网页或者网页设计软件等 ——纵向市场的应用软件，即应用于特定行业的广泛的业务功能，如制造业、零售业、医疗保健、工程、餐饮等 ——应用程序软件，也就是执行一个非常特定任务的小程序，如压缩程序、杀毒、搜索引擎、字体、文件浏览器、语音识别软件等（应用程序软件在大小、成本和复杂性上和其他应用软件有所不同） ——其他应用软件	
58.29.3	下载软件 这一子类包括： ——可以下载并储存在本地设备上之后能够执行或安装的含有软件的电子文件	
58.29.31	下载的系统软件	
58.29.32	下载的应用软件	

第 4 部分　软件和数据库

续表

58.29.40	在线软件 这一子类包括： ——可以在网上运行的软件 这一子类不包括： ——在线游戏，参阅 58.21.30 ——下载软件，参阅 58.29.3 ——网上赌博服务，参阅 92.00.14
58.29.50	使用计算机软件的许可权服务 这一子类包括： ——对系统软件和应用软件的计算机程序的复制、分发或者合并等，程序说明和辅助材料的许可权服务。这适用于各种级别的许可权 ● 复制和分发的权利 ● 运用软件部件来创建其他软件产品和纳入其他软件产品中的权利 这一子类不包括： ——最终用户的许可权作为软件的一部分，参阅 58.29.1～58.29.4
62.01	计算机编程服务
62.01.1	IT 设计和开发服务
62.01.11	对应用软件的 IT 设计和将开发服务 这一子类包括： ——设计结构且 / 或编写计算机代码，包括更新和修补程序，必要的创建且 / 或执行应用程序的服务，例如： ● 对一个网页进行结构和内容的设计并且为创建和实现网页写入必要的计算机代码 ● 为创建和实现数据库（数据仓库）设计数据库的结构和内容并编写必要的计算机代码 ● 除了网站编辑、数据库和套装软件集成等还可以为了设计和开发定制软件而设计结构和编写必要的代码 ● 定制和集成，适配（修改、配置等）和安装已有的应用软件以便可以在客户的信息系统中实现其功能 这一子类不包括： ——对绑定在主机上的网页的设计和开发的服务合同，参阅 63.11.13

续表

62.01.11	——服务合同，其中应用程序的设计和开发是与主机捆绑在一起，后期的管理是基于一项持续的基础服务合同，参阅 63.11.19 ——服务合同，其中数据库的设计和开发与数据持有的持续管理服务捆绑，参阅 63.11.19
62.01.12	对网络和系统的 IT 设计和开发 这一子类包括： ——为客户的网络进行设计开发和实施，如物联网和虚拟专用网络 ——网络安全设计和开发服务，也就是对软硬件和程序的设计开发和实施，以控制数据和程序的访问并且允许通过网络进行安全的信息交换 这一子类不包括： ——和用户网络的日常管理捆绑在一起的服务合同，参阅 62.03.12
62.01.2	软件原件 这一子类包括： ——没有直接销售合同的受产权保护的生产 ——那些受版权或明或暗保护的知识产权的转让 这一子类不包括： ——为他人根据合同生产的软件，参阅 62.01.11 ——软件的批发零售业务，参阅 46.14.11、46.51.10、47.00.31
62.01.21	计算机游戏的软件原件
62.01.29	其他软件原件
62.02.20	系统和软件咨询服务 这一子类包括： 提供和 IT 系统、软件相关的 IT 事项的咨询或专家建议，例如： • 软件采购和软件需求相关事宜的建议 • 系统安全
62.02.30	IT 技术支持服务 这一子类别提供各种技术专长，以解决客户在使用软硬件和整个计算机系统时所遇到的问题，例如： ——为用户在使用或者排除软件故障时提供咨询 ——升级服务

第 4 部分　软件和数据库

续表

62.02.30	——在使用或检修电脑硬件，包括例行检测、清洗和维修 IT 设备时提供客户支持 ——在将客户端的计算机系统移到新的位置时提供技术帮助 ——在使用或检修电脑软硬件的结合时提供用户支持 ——提供技术专业知识，以解决客户端使用计算机系统时的专门的问题。例如，在没有提供咨询或其他跟进服务时对计算机系统提供审计或评估服务，包括审计、评估和记录服务器，网络或者元器件过程、功能、性能或安全性 这一子类不包括： ——计算机的灾难性的恢复服务，参阅 62.09.20
62.03	计算机设备管理服务
62.03.1	计算机设备管理服务 这一子类包括： ——管理和监控通信网络和连接硬件来诊断网络问题并收集统计的用量和使用情况以便管理和对网络流量微调的服务 这些服务还可以为远程管理安全系统和安全性提供相关服务
62.03.11	网络管理服务 这一子类包括： 为客户端的计算机系统和操作提供日常的管理
62.03.12	计算机系统管理服务
62.09	其他信息技术和计算机服务
62.09.10	计算机及其外围设备的安装服务 这一子类包括： ——电脑主机的安装服务，参阅 33.20.39
62.09.20	其他信息技术和计算机服务 这一子类包括： ——数据恢复服务，如从损坏的或不稳定的硬盘驱动器或其他存储介质中检索客户端数据，或提供备用电脑设备并将软件单独复制出来，以使客户能够恢复和维护经历灾难如火灾或水灾的常规计算机程序

续表

62.09.20	——软件安装服务 其他 IT 技术支持服务 这一子类不包括： ——计算机编程服务，参阅 62.01.1 ——IT 咨询服务，参阅 62.02.2 ——数据处理和托管服务，参阅 63.11.1
63.11.1	数据处理、存储、应用服务和其他 IT 基础设施供应服务
63.11.11	数据处理服务 这一子类包括： ——完整的加工处理服务和对客户提供的数据进行专业报告，或提供数据自动处理和数据接入服务，包括数据库运营服务
63.11.12	网络托管服务 这一子类包括： ——在一个能够提供快速、可靠的网络连接的地方为客户提供基础设施来承载网站及相关文件 ● 仅限于存储在一台服务器上，以共享或专用其容量，运营商无须在应用软件上进行管理或整合 ● 一个包含托管和管理站点的捆绑服务包是和应用相联系的 这项服务的一个重要特征是对站点的安全可靠性和可以快速调整以适应不同流量的使用者的互联网连接的承诺。通常，咨询、定制和系统集成是软件包的一部分。应用程序通常和电子商务有关，能够使网上店面、购物车和目录具有先进和复杂的功能。例如，处理订单、采购、发票处理、交易处理、客户关系管理和后端数据库和数据仓库的集成和迁移服务
63.11.13	提供应用服务 这一子类包括： ——从集中、托管和管理的计算机环境中提供软件应用租赁： ● 从集成系统和客户端的基础设施中（通常情况下，咨询、定制和系统集成是和应用程序的托管和管理捆绑在一起的） ● 租赁应用和其他客户端的应用程序不是定制和集成的（该应用程序一般访问万维网。一个常参阅的例子就是办公软件）

第 4 部分　软件和数据库

续表

ISIC 第 4 版编码	产品描述
63.11.19	其他托管服务和 IT 基础设施服务 这一子类包括： ——配置服务，也就是为安置服务器和企业级平台提供具有安全设施的支架空间（服务器为包括客户的软硬件和互联网和其他通信设备连接，以及常规检测服务器提供空间。客户负责的操作系统、软硬件的管理） ——数据存储服务，即对数据的备份和存储进行管理，如远程备份数据、存储或者存储管理 ——数据管理服务，即对作为组织资源的数据进行持续的管理（该项服务可能包括进行数据建模、数据调动、数据映射或合理化、数据挖掘和系统架构）
63.12.10	门户网站内容 这一子类包括： ——提供网络搜索的门户网站的内容，即广泛的网络地址的数据库和易于搜索的格式的内容 这一子类不包括： ——在线发布的目录和邮件列表，参阅 58.12.20

附表 6　ISIC 第 4 版详细说明列表

ISIC 第 4 版编码	产品描述	
5820	软件发行 这一类包括： ——发行现成的（非定制）软件 ● 操作系统 ● 商务和其他应用程序 ● 适用于所有平台的计算机游戏 这一类不包括： ——复制软件，参阅 1820 ——零售非定制软件，参阅 4741 ——生产与发行软件不相关的软件，参阅 6201 ——网上提供软件（供应应用托管和应用服务），参阅 6311	

续表

ISIC 第4版编码	产品描述	
62	计算机程序设计、咨询和相关活动 该部分在信息技术领域提供以下专业知识活动：软件写作、修改、测试和支持；规划和设计计算机系统，以便集成计算机软硬件和通信技术；现场管理和操作客户计算机系统和数据处理设备；和其他专业计算机的相关活动	
6201	计算机程序设计 这一类包括对软件的编写、修改、测试和支持 这一类包括： ——设计结构和内容，并编写必要的代码来创造和实现 ● 系统软件（包括更新和补丁） ● 应用软件（包括更新和补丁） ● 数据库 ● 网页 ——软件定制，即修改和配置现有的应用程序以便能够在客户端的信息系统环境中实现它的功能 这一类不包括： ——发行套装软件，参阅5820 ——规划和设计能够集成软硬件和通信技术的计算机系统，即便提供的软件可能是一部分，参阅6202	
6202	计算机咨询及计算机设备管理活动 这一类包括： ——规划和设计能够集成软硬件和通信技术的计算机系统归入本类的单元可以提供组成系统的软硬件，这部分软硬件作为集成服务的一部分或者这些组件可以被第三方供应商提供。归入本类的单位通常会安装系统，并对系统使用者进行培训和提供支持 这一类还包括： ——提供对客户端计算机系统的现场管理和操作盒数据设备处理及相关的配套服务 这一类不包括： ——计算机软硬件的单独销售，参阅4651、4741	

第4部分 软件和数据库

续表

ISIC第4版编码	产品描述	
6202	——对主机或相似计算机的安装，参阅3320 ——个人计算机单独安装，参阅6209 ——单独的软件安装，参阅6209	
6209	其他信息技术和计算机服务活动 这一类包括未分类的其他信息技术和计算机相关的活动，例如： ——计算机灾难恢复 ——个人电脑安装 ——软件安装 这一类不包括： ——主机和类似计算机的安装，参阅3320 ——计算机编程，参阅6201 ——计算机咨询，参阅6202 ——计算机设备管理，参阅6202 ——数据处理和托管，参阅6311	
631	数据处理、存储及相关活动；门户网站 这一组包括为托管、数据处理及相关活动提供基础设施，以及提供搜索功能及其他互联网的其他门户网站	
6311	数据处理、托管及相关活动 这一类包括： ——为数据托管、处理服务及相关活动提供基础设施 ——专门托办的活动，例如： • 虚拟主机 • 流媒体服务 • 应用程序托管 ——应用服务配置 ——为客户分时提供大型设备 ——数据处理活动 • 对客户提供的数据完整的处理 • 对客户提供的数据产生专业的报告 ——提供数据录入服务	

续表

ISIC 第 4 版编码	产品描述	
6312	门户网站 这一类包括： ——使用搜索引擎来生成和维护大规模网络地址的数据库以及形成一个易于搜索的形式 ——将其他网站充当门户网站，比如提供定期内容更新的媒体网站	

附表 7　CPA 2008、ISIC 第 4 版和 CPC 第 2 版对照

ISIC 第 4 版	CPA 2008	CPC 第 2 版
5820	52.8	-
-	58.21.10	48722
-	58.21.20	84342*
-	58.21.30	84391
-	58.21.40	73311*
-	58.29.11	47811
-	58.29.12	47812
-	58.29.13	47813
-	58.29.14	47814
-	58.29.21	47821
-	58.29.29	47829
-	58.29.31	84341
-	58.29.32	84342*
-	58.29.40	84392
-	58.29.50	73311*
6201	62.01	-

第4部分 软件和数据库

续表

ISIC 第 4 版	CPA 2008	CPC 第 2 版
–	62.01.11	83141
–	62.01.12	83142
–	62.01.21	83143*
–	62.01.29	83143*
部分 6202*（包括硬件咨询服务）	62.02.20	83131
部分 6202*（包括硬件咨询服务）	62.02.30	83132*
6203*	62.03.11	83161
6203*	62.03.12	83162
6209	62.09	–
–	62.09.10	87332
–	62.09.20	83132*
部分 6311（包括流服务）	63.11.11	
6312	6.12	84394

注：符号"*"表示在各分类间有多个关系。

附表 8 ISIC 第 3.1 版和 ISIC 第 4 版对照

ISIC 第 3.1 版	ISIC 第 4 版
7221 7240	5802
7229*	6201

续表

ISIC 第3.1 版	ISIC 第4 版
7210 7211 7212 7229* 7230* 7290*	6202
7290*	6209
7230*	6311

附表9 CPA 2002 和 CPA 2008 对照

CPA 2002	CPA 2008
72.21.20*	58.2
72.21.12*	58.21.10
72.40.11*	58.21.10
72.40.11*	58.21.20
72.40.11*	58.21.30
74.87.17*	58.21.40
72.21.11*	58.29.11
72.21.11*	58.29.12
72.21.20*	58.29.12
72.21.11*	58.29.13
72.21.20*	58.29.13
72.21.11*	58.29.14
72.21.20*	58.29.14

第4部分 软件和数据库

续表

CPA 2002	CPA 2008
72.21.12*	58.29.21
72.21.20*	58.29.21
72.21.12*	58.29.29
72.21.20*	58.29.29
72.21.11*	58.29.31
72.40.11*	58.29.31
72.21.12*	58.29.32
72.40.11*	58.29.32
72.40.11*	58.29.40
74.87.17*	58.29.50
72.22.12*	62.01.11
72.40.13*	62.01.11
72.22.13	62.01.12
72.22.12*	62.01.21
72.22.12*	62.01.29
72.22.11	62.02.20
72.22.14	62.02.30
72.30.10*	62.03.11
72.30.10*	62.03.12
72.60.10	62.09.10
72.22.15	62.09.20
72.40.13*	63.11.11
72.40.12	63.12.10

第 5 部分 娱乐、文学和艺术原件

引 言

1993 版 SNA 中的变化之一是把娱乐、文学和艺术原件确认为固定资产。2003 年，欧盟（EU）成立了工作组开发测度固定资本形成总额（GFCF）、资本存量和资本消耗的指南。2003 年 11 月，报告（2003 EU）提交给国民总收入（GNI）委员会，随后提出了几点修改建议。之后，修改后的建议书以书面形式被欧盟接受。

经合组织（OECD）工作组与早期欧盟工作组就 IPPs 的建议基本达成一致，但有两个例外，这两者都反映在 2008 版 SNA 的变化中：①有关使用和复制许可证；②用成本之和法测度 GFCF。此外，欧盟工作组的报告没有说明物量的估计，但此处有介绍。

32. 定义和范围

在 2008 版 SNA 中，娱乐、文学和艺术原件的定义如下。

10.115 娱乐、文学或艺术原件指记录或体现有戏剧表演、广播电视节目、音乐表演、体育比赛、文学和艺术作品等的影片、录音、手稿、磁带、模型等。此类作品通常是自行开发的，随后它们可能被一次性或者通过许可证方式销售。如果符合标准条件，原件和复制品应被视为固定资产。

第5部分　娱乐、文学和艺术原件

如果原件是当作贵重物获得，那么其生产不应被视为固定资产的自给生产，然而，在生产过程中可能已被归类为在制品。

尽管自 1993 版 SNA 以来，定义和范围没有改变，但是 GFCF 的测算受 SNA 中其他变化的影响。

33. 娱乐、文学和艺术原件的范围

33.1　覆盖范围介绍

本章节广泛讨论了有可能被归类为原件的产品。有 4 个条件来判别它们是否应该被视为原件。它们被用来评估娱乐、文学和艺术原件的主要部分是否为原件。本章节也考虑了一些特殊情况并提出了几点建议。章节最后给出了那些有可能包括在国民账户中的娱乐、文学或艺术原件的清单。其中一些产品是强烈建议包括的，而对另一些则不明确区分，建议各国使用 4 个标准自己判断。

33.2　包含条件

一个产品被认为是娱乐、文学或艺术原件应满足以下条件。

①产品必须受版权保护。

②产品应有主要的艺术意图。这意味着原件本身应作为最终产品生产，而不是其他产品或资产生产过程的中间部分。

③产品必须满足任何资本计入固定资本形成的资本化条件。也就是说，2008 版 SNA 要求资本资产必须旨在反复用于生产过程，或者连续使用超过 1 年的时间。

④产品并不包括在国民账户的其他地方。如果产品满足以上条件，同时没有在账户其他地方资本化，那么产品应该包括在娱乐、文学或艺术原

件中。在这里，软件原件和贵重物品应排除在外。

欧盟工作组将版权法作为识别范围和原件测度的重要因素，欧盟统计局（Eurostat）对这个极其复杂的领域进行了一些调查以便发现更多。附录I包含该次调查的结果。

有人会说，对待研发（R&D）和原件存在不一致性，因为法律保护并不是研发被认可为固定资产的必要条件。其理论依据是不申请法律保护也能从实施R&D中获取利益，而且最好是能不引起注意，因此为研发寻求法律保护是不值得的。另外，娱乐、文学和艺术原件有价值仅仅是因为它们能够复制和/或传播，所以法律保护是至关重要的。

欧盟工作组发现，在欧盟国家版权法并不完全统一，但有许多国际公约（和一些欧洲法规）为版权保护和处理国内及国与国之间的版权相关的资金流提供了一般的指导方针。

以下章节将讨论每一种潜在的原件是否满足前面的条件，欧盟工作组为特殊案例提出的建议。

33.3 电影

这一类应该包括所有符合条件的短片和长电影。电影包括最初用于影院放映的或者为DVD、视频和电视市场而制造的电影。所有类型的无声电影或者3D电影也应包括在内。外国翻译，改写的原件和导演剪辑的电影通常在最初原版后对外公布，一般没有独立的版权（国家之间有差异），因此理论上应包含在原版电影下面。

电影制作公司的地址必须确定[①]，这样原件的价值才能核算在正确国家的国民账户中。这对于影视制作尤为重要，因为影视制作经常涉及很多外景点，有时候会在全球不同的地方拍摄。

---

① 如果电影由合资企业制作，那么所有权分配给各自的国家。

第5部分　娱乐、文学和艺术原件

了解电影的组成很重要，即原件是什么？在电影制作中将拍摄成千上万的照片，影片包括很多部分。在电影准备审查和放映之前，许多程序都是必需的，诸如脚本写作、试镜、拍摄、编辑、重拍、图片剪辑、声音编辑等。只有编辑后的最终电影版本才应该作为资产价值记录为原件。所有其他进程或部分（包括未经编辑的照片本身）不能被视为原件。这些不满足基本艺术意图的条件，因为它们生产的目的是（包括它们自己）作为完成电影的一部分，也不太可能为它们提供单独的版权。

电影剧本（包括广义上为电影专门创作的音乐）是一个特例。作为电影版权的一部分，或者自身版权，各国的法律对待此类版权的态度不同。剧本，如未经编辑的照片可被视为电影的组成部分，但不一定为了成为一个独立产品而生产。然而，电影剧本本身可以出售，可以有其独立于电影的版权。因此，剧本作为事实上的原件，记录为文学作品是可能的（事实上，电影剧本的特殊使用金与其他文学作品是不太可能区分开的），但是电影剧本不应该单独记录在电影的下面。

33.4　电视和广播节目

版权法范围覆盖电视和广播节目，所以它们都满足第一个条件。一般来说，大多数电视和广播节目也将一定满足主要的艺术意图条件。

至于其余条件，如果它们被认为是几乎相同的项目，电视和广播节目的处理就简单了。除了电视节目附加的视觉效果，节目摄制的类型是非常相似的。

不管是电视还是广播都把节目分为"存量"或"流量"。存量包括纪录片、戏剧、音乐、艺术、历史和教育节目。流量包括新闻和娱乐节目集。区别来自于节目的类型。存量节目有一个更长的生命期，因为它们适合重复播出或在不同国家复制。流量节目的生命期较短和不太可能重复播出。例如，一个新闻节目只有当它播出时接近事件发生时刻的，才最具有新闻价值。以后播出，意义和节目的标题也不同，有可能是将新闻转换成历史或者纪录片。

存量节目和流量节目之间的区别为判别是否满足第三条资本标准提供了本质上的区别。仅仅存量节目应包括在娱乐原件中，这一点对电视来说比广播更重要。流量节目不满足使用1年以上的条件，应该排除在外。

体育节目是一个特例。尽管最初的体育节目似乎只有当直播或非常接近体育赛事的时候才有重大意义，但通常这样的节目会有渴望再次观看的想法，有时甚至是很多年后。因此，体育赛事的存量节目和流量节目之间的区别并不是那么明显。有人建议，体育节目应排除在娱乐类原件之外，视为流量节目。这样做的原因反映了一个事实，那就是广播体育赛事的权利，往往最初非常有价值，但通常价值下降很快，即使随后的重播突出了事件亮点。

广告是更进一步的特殊例子。虽然广告可能满足基本艺术意图的条件，但是，作为广告活动的一部分它们通常使用不到1年，因此应该被排除在娱乐原件之外。

33.5 文学作品

只要满足入选条件，所有拥有独立版权的公开出版作品都应该包括在这一类中。

所有完成的作品，无论何种主题或风格都应该包含在内；包括较好的音频书籍和多媒体文学作品（如电子书）。然而对于同类资产，不同传媒需要单独的许可证，否则附加的新传媒不会贡献于原件价值。

本部分还包括其他例子的小册子和乐谱。虽然有可能认为乐谱是一首音乐的一部分，音乐是一个最终的原件，如前面讨论的电影剧本，乐谱同

第 5 部分 娱乐、文学和艺术原件

样本身也具有价值。然而像电影剧本，乐谱不应该单独记录在音乐下面。

同电视或广播上的新闻节目一样，报纸和杂志的生命通常不到 1 年，因此应该在估计文学原件的资本支出中扣除（个人复制品可能会变成贵重物品）。

33.6 音乐作品（包括音乐视频）

如同大多数 IPPs，音乐作品的概念也不是直接的。首先我们必须考虑什么被定义为原件。任何一段音乐都有作曲家和/或作家、音乐家和演奏家。与电影制作有相似之处。理论上，音乐制作的不同阶段或部分应被视为原件。例如，乐谱、声音，以及精湛的章节如演出被录制或直播。正如后面要讨论的，恰当测度原件的"链条"是非常重要的，以避免重复计算。

建议的入选条件简化了该问题。版权下的所有音乐，如果它们可能会持续 1 年以上，所有情况下都满足基本的艺术意图条件，只要我们认为"音乐"本身是重要的作品，而不是中间部件，不是通过听或用来制作音乐的构成部件（如乐谱、音乐家或歌唱家），就应该包括在音乐原件中。

建议所有的音乐不管什么样的传媒，都应作为原件包括在内。因此，音乐视频应包括在内。所有广告歌谣、配乐等应该排除在外，与电视或广播上的广告的处理方式相同。

33.7 广告口号和商标名称

广告口号和商标名称是受"商标"法律保护的，不应该被认为是原件（表 12）。

表12 娱乐、文学和艺术原件的范围

类型	项目	满足入选条件（Y或N）				入选为原件（Y或N）	注释
		1	2	3	4		
娱乐：电影	电影（任何长度和风格），但只有编辑过的最终版本	Y	Y	Y	Y	Y	
	形成完整电影片段的外景拍摄场地	N	N	N	N	N	
	未编辑过的照片	N	N	N	N	N	
	电影译作	Y	Y	Y	N	Y	如果各自受版权保护
	改写过的电影原件	Y	Y	Y	N	Y	如果各自受版权保护
	导演剪辑版电影	Y	Y	Y	N	Y	如果各自受版权保护
娱乐：电视和广播	存量节目（纪录片、戏剧、艺术等）	Y	Y	Y	Y	Y	
	流量节目（新闻、娱乐节目）	Y	Y	N	N	N	
	体育节目	Y	Y	N	N	N	建议体育被视为流量节目
	广告	Y	Y	N	N	N	
文学作品	所有媒介形式的书（如报纸、音频、电子书）	Y	Y	Y	Y	Y	音频和电子书版权身份的重要性
	小册子	Y	Y	Y	Y	Y	

第 5 部分　娱乐、文学和艺术原件

续表

类型	项目	满足入选条件（Y 或 N）				入选为原件（Y 或 N）	注释
		1	2	3	4		
	乐谱	Y	N	N	N	N	
	报纸文章	Y	Y	N	N	N	
	杂志文章	Y	Y	N	N	N	
音乐作品	有版权的音乐（不论媒介物，如 CD、音乐视频等）	Y	Y	Y	Y	Y	
艺术原件	用来制造建筑或结构的模型	Y	N	N	N	N	
	模型作为原件生产后按比例缩小的版本（如收藏家或小装饰品）	Y	Y	N	N	N	
	原型	Y	N	N	N	N	
	绘画	Y	Y	Y	N	N	在 GCF 中视为贵重物品
	雕塑	Y	Y	Y	N	N	在 GCF 中视为贵重物品
	古董	Y	Y	Y	N	N	在 GCF 中视为贵重物品
	珠宝	Y	Y	Y	N	N	在 GCF 中视为贵重物品
	照片和图像（不是印刷品）	Y	Y	Y	Y	Y	
	地图	Y	Y	Y	Y	Y	

33.8 技术和建筑图纸

大多数建筑物或大型建筑项目需要先进的和精细的技术或建筑学图纸和计划。就它们本身来说，这些图纸有艺术价值。然而，基本的艺术意图这一条件是不满足的，因为绘制图纸是作为建筑物或者在建建筑物生产过程的一部分。因此，技术和建筑图纸不应视为原件，即便它们可以有各自的版权。

33.9 模型

可用的指导没有明确说明什么可被归为模型。大型著名建筑物被按比例成雏形有很多种可能性。

一个雏形的目的是帮助成品的设计过程。因此，原型不满足基本艺术意图条件，这与前面讨论的建筑图纸原因相同。雏形应该排除在外。

同样，模型和建筑图纸不满足基本艺术意图条件，因此应该排除在外。

理论上一个著名项目的缩小版本在"原件"项目被认为是原件之后产生。然而，这种比例模型可能不满足视为原件的条件（事实上，如果它们具有稀有价值，可考虑为贵重物品），故应该排除在定义外。

33.10 绘画、雕塑、古董、精细艺术品和珠宝

原件应与贵重物品加以区别，贵重物品界定为精细艺术品，如绘画、雕塑、古董和其他价值形式的储藏物如珠宝。

2008版SNA和ESA 95提到的一些包括在艺术原件下的项目。例如，"效果图"（如肖像、图像、复制品和图片）和上面列出的贵重物品项目的区别还不明确。专业术语"效果图"会导致一些问题。不得不做出一些决定，以便在实践中可以把所有的项目都纳入到账户中。入选条件有助于简化问题。

肖像和图片应该像绘画那样以同样的方式对待，因此它们不满足第4

第5部分 娱乐、文学和艺术原件

个条件,因为它们包括在国民账户的其他地方,如贵重物品。

ESA95中所有被界定为贵重物品的物品,如雕塑、古董和诸如珠宝的其他贵重的储藏物不应被视为艺术原件,因为它们不满足第4个条件,涵盖它们可能会导致重复计算。

图像和复制品,连同照片,介绍如下。

33.11 照片和图像(书本复制品或临摹)

照片通常非常有价值,也很有销路,故其可能满足原件的主要标准。照片可以受版权保护,可以复制及重复使用,如图像可用于报纸、杂志、海报、书籍或电视上。也有巨大的照片库,现在在网络上可用。因此只要它们受版权保护,照片应该被视为原件,它们是出于基本的艺术意图而创造的,也满足其余入选条件。

33.12 地图

地图是受版权保护的,它们也可能是出于基本的艺术意图而创建的。在许多方面,地图和本章节先前讨论的其他文学作品几乎没有区别。事实上地图的版税无法与其他出版物区分开。因此,出于实践的原因,地图应该被包括为文学原件。

> 建议39:娱乐、文学和艺术原件的定义至少包括电影、电视和广播存量节目、文学作品和音乐作品。其他原件如果满足以下4个条件,也应该被包括在内:①产品必须受版权保护。②产品应有基本的艺术意图。③产品必须满足资本化条件,与含在固定资本形成的资本项目类似。④产品没有包括在国民账户的其他地方。

34. 概念问题

34.1 原件的本质

原件有 3 个值得特别关注的特征。

嵌入式原件

一个原件用于另一个原件的生产制作中是非常常见的事情。例如，一段音乐可以用于电影，或可用于一个电视连续剧中的一个剧本片段。音乐或剧本片段可能有自身的产权。如果一个原件完全嵌入到另一个原件中，而没有产生收入，就不应该被记录为一个单独的资产。然而，如果一个原件有助于生产另一个原件，而且从提供其他服务中获得收益，那么它应该被记录为一个单独的资产，这与工业设备用于生产其他固定资产时，本身也被记录为固定资产是类似的。

参考下面的例子，不同的原件有不同的估值方法（稍后讨论）。

举例：

电影公司支付使用费给音乐家，并在电影中使用他们的音乐。音乐原件使用使用费估价，这部电影使用生产成本估价（表13）。

假设我们有两种类型的资产：资产 F（电影）由生产成本法估值，资产 M（音乐）用净现值法估价（NPV）。资产 F 有两年使用寿命和资产 M 有 3 年使用寿命。我们有完全信息——这意味着我们知道这两种资产在其生命期内形成所得的所有收入资金流。在本例中，利率为 0，所以未来支出的净现值（NPV）就简单等于未来支出之和。

资产 M 在时期 0 年前生产，在接下来 3 年中每年产生费用 100。使用净现值方法，资产 M 的价值在 0 年年底值 300（每 3 年 100）。

请注意，就资产 M 而言，在第 2 年和第 3 年的使用费是由其使用者，如广播电台支付的。

第 5 部分　娱乐、文学和艺术原件

资产 F 在第 1 年生产，它的生产成本等于 1100（包括使用费）。使用生产成本方法，在第 1 年年末资产 F 的价值等于 1100。

资产 M 的价值在第 1 年年底相比于第 0 年年底减少 100，是因为未来使用费用的净现值 NPV 现在是 200 了。

表 13　电影中使用音乐原件的例子

		等 0 年年末（存量）	第 1 年（流量）	第 1 年年末（存量）	第 2 年（流量）	第 2 年年末（存量）	第 3 年（流量）	第 3 年年末（存量）
资产 F	生产成本，使用费除外		1000					
资产 F	使用费（使用资产 M 的费用）		100					
资产 F	资产 F 形成的收入流				550		550	
资产 F	价值（生产成本法）	0		1100		550		0
资产 M	使用费		100		100		100	
资产 M	价值（NPV）	300		200		100		0
资产 F+M	价值	300		1300		650		0

可以看出在资产负债表中没有重复计算。在第 1 年，当资产 M 贡献于资产 F 的生产时，由于固定资本消耗，前者的价值增加被后者的价值减少所抵消。如果用固定资本消耗净值测度，对于整个生产过程都是这样的。

如果资产价值用总成本估计，同样的成本用于估值不同的资产，可能发生重复计算。应该避免这一点（参见建议 3）。在某些情况下，数据获

得的方式可以帮助解决这个问题。例如，在音乐制作行业，使用费被版权管理机构分配，而不是支付给表演者（他们将支付给作曲家等）。版权管理系统已经发展用来避免这种情况。因此，使用使用费现金流测度表演者持有的原件和作曲家持有的原件，将会使重复计算的风险概率降低。

可分割的版权

如附录 I 所述，原件通常有与之相关的几种不同类型的版权。这个问题以下被称为是"使用费和版权"。结论是原则上，原件是可分割的，尽管这样做有实际的风险。

原件和复制品

原件中的许多艺术创作主要通过复制品的方式传播给最终用户。如果艺术原件合法复制用于生产使用的比率相对较小（也许是有限的放映电影时印制），可以被忽略。

35. 娱乐、文学和艺术原件的估值

2008 版 SNA 对娱乐、文学和艺术原件有 4 种不同的估值方法。
①如果交易，则为原件的购买价格。
②参考相似原件的购买价格。
③原件的生产成本。
④未来收入净现值的贴现。

显然选项①是首选的估值方法，但许多原件是自给性生产，所以必须使用其他估值方法。根据定义，不太可能有"类似原件"用于估计可靠价值，故选项②是不可行的。剩下的选项③和④是非交易原件估值的可行选择。

根据企业会计准则（如国际会计准则 38），要求企业资本化那些具有可靠价值且完全由公司控制的无形资产。这意味着购买原件（相当于重新

分配原件的版权）将记录在购买公司的资产负债表中。从购买点起，公司需要计提折旧或定期复审资产的公允价值。欧盟工作组调查了几个在文学、音乐领域大型公司的报表，并认为这些公司确实是资本化了购买的原件。这意味着从原件交易的企业统计中获得数据是可能的，尽管实践上不太可能将企业数据与后面的估计方法结合起来（潜在的重复计算风险）。未来企业会计的发展（如通过对收购核算的改变）可以提高企业会计的可用数据。

欧盟工作组认为生产成本方法最适合于电影和电视/广播制作。

欧盟工作组认为，未来收入的净现值方法最适合于已建立版权使用费流量系统的行业（音乐、文学和摄影与图像作品）。在评估原件时，原件的所有收入都应经过考虑在内，认识到这一点是很重要的。例如，丹麦图书馆支付给作者书籍的租赁费，这个费用应该包含在收入中。文学和音乐作品的版权使用费流量通常是由一小部分的版权管理机构掌控，或者直接由出版商处理（确保版权使用费能流向所有对原件有贡献的人）。各机构之间有版权使用费现金流，这会导致对原件估价时重复计算收入。通过欧盟工作组几个成员的询问，认为代理机构能够区分流入流出的版权费，以及向海外流入流出的版权使用费。在图 2 中，当计算原件价值时，两个机构之间的版权使用费（流量 B）不应被考虑进去。原件价值是由作者从版权管理机构 2 获得的收入决定的。

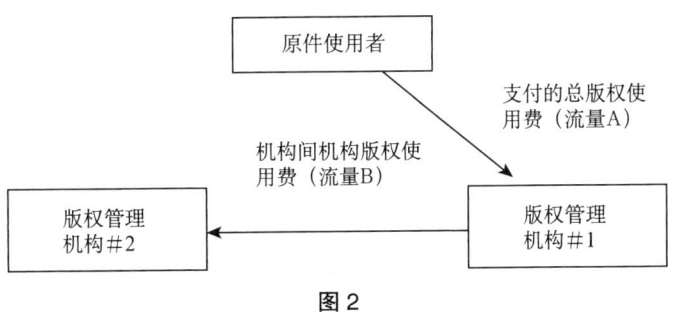

图 2

使用净现值方法的其他问题是如何使用流量数据来获得原件潜在的存量数据。欧盟工作组建议用以下式（5.1）[①]，这一公式也为欧洲几个国家所采用。

$$W_j = H_j \times (1 + r_j - i_j) \quad (5.1)$$

其中，W_j 是在 j 年原件的现值，H_j 是在 j 年期间支付的版权使用费总计，r_j 是版权使用费相对上一年的名义增长率，i_j 是用于折现的名义利率。r_j 和 i_j 可通过某一年或者 5 年移动平均进行估计。很重要的一点是本章节所指的版权使用费不仅仅局限于作者、音乐家收到的费用。还可以包括拥有原件权利的机构获得的收入，如制作公司和出版商。

> 建议40：电影、电视和广播节目原件的价值应该用总生产成本之和来估计。生产成本应该包括使用其他原件的版权使用费。
>
> 建议41：文学、音乐和摄影/图像原件的价值应该用版权使用费流量（从任何来源）模型法估计。使用公式 $W_j = H_j \times (1 + r_j - i_j)$ 和名义利率 r_j 和 i_j，或一个等价的公式。其中 W_j 是在 j 年原件的现值，H_j 是在 j 年的版权使用费之和，r_j 是版权使用费相比上一年的增长率，i_j 是用于折现的利率。r_j 和 i_j 可以根据某一年或者 5 年移动平均估计。

36. 娱乐、文学和艺术原件的版税和版权

有3种类型的资金流量与娱乐、文学和艺术原件有关，需要考虑。
①直接出售部分或全部与原件相关的版权产生的费用支付。

[①] 该公式的推导在欧盟的国民账户工作会议的 CN383 第 4 点中进行叙述，是由德国 NSO，DESTATTIS 提供。简言之，使用 20 世纪 50 年代初的版税和利率数据，版权的净现值是使用 6 种不同的使用寿命和年龄－价格函数得到的。研究发现上述公式的结果非常接近 6 个结果的平均值。

②不改变所有权的情况下为有限的权利产生的费用支付。

③一次性使用原件产生的费用支付。

原则上，出售原件的部分版权降低了卖方原件的价值，相反增加了购买者的价值（出售者，如一个艺术家，保留其版权的大部分比例，但如果某种开发权已经被出售，这些版权也价值甚微）。

然而，记录原件的"分割"有一个实践的障碍，这就是资金流量的分离。如果支付现金流与购买相关，出售的永久版权就不能从版权使用费流量（一次性使用版权）中区分开，也就不可能将原件恰当地分隔开。基础统计也不能区分原件的全部出售和购买。

第2类也与原件的版权销售有关。第1类和第2类别之间的显著区别是在第1类中买方承担风险和获得回报，而在第2类中买方并没有承担。复制许可和分销都可以发生在这两个类别中，但主要发生在第2类中。在后一种，限制许可证协议意味着没有发生所有权改变和支付应该被视为使用费（或租金）。

36.1 国内资金流

目前关于原件的国内交易数据通常在商业调查中并不收集。欧盟工作组从英国（电影和电视）和希腊（视频行业）得到的调查问卷显示，直接数据收集（版权使用费流量和成本）是可能的，条件是商业登记足够详细，以识别合适的公司样本。现有的数据调查需要审核，看看新问题是否能加入，以满足国民账户估计原件的需要。

国家层面的代表机构也可能是有用的数据来源，政府记录（对补贴、特别税）对于行业受特色优惠，也是有用的。

其他有可能的数据来源前面已经提到，是版权管理机构。调查这些机构需要要求以下问题。

①一次性使用的版权使用费，与长期或者无限期使用费的区别。

②从其他国内版权管理机构收到/支付的版权使用费。

③从非居民单位版权管理机构收到/支付的版权使用费。

36.2 国际资金流

在跨境流动方面，2002年国际服务贸易统计手册（MSITS）在EBOPs类别引入的特定类别为"其他版税和许可费""视听服务"，以及一个备注项"视听交易"。此外，如第1部分所述，2010年MSITS和EBOP分类将包括以下领域的改进。

①一个单独的类别，复制许可证和/或传播视听和相关服务，在知识产权使用费下。

②视听服务分解视听产品和其他视听服务，为前者增加其中项，反映试听原件。

③包含视听交易的补充项目。

④包含使用视听产品许可的补充项目。

鉴于当前集中收集数据的机制不满足要求，需要统计机构直接向企业和行业内的机构调查数据。

> 建议42：国家应检查当前从原件生产行业收集的现有直接数据（如视听调查问卷），以确认是否需要添加新的问题，协助估计原件价值。从版权管理机构收集版权使用费应确保机构之间的转移的分割，以及国家之间版权使用费的分割。

37. 价格和物量

欧盟工作组关于物量估计没有提出建议，下面的是OECD专家撰写本

第5部分 娱乐、文学和艺术原件

书时对 IPP 的建议。

原件价值是由许多因素综合决定的，包括：①消费者的需求；②消费市场的规模；③原件生产商的声望和名誉；④广告和促销的程度；⑤原件的内在质量。

除了③和②，所有这些因素都难以量化。这使得测算原件市场价格的变化非常困难。

如前所述，估计原件的方法之一是依照未来收入的净现值，事实上对于已经建立了资金流量体系的（音乐、文学、摄影和影像工作），此方法估计原件价值值得推荐。也建议使用式（5.1）估计原件的价值。版权使用费本质上是服务支付的租金。因此 H_j 和分解成价格和物量，也就是式（5.2）：

$$H_j = P_{ij}Q_{ij} \qquad (5.2)^{①}$$

其中，Q_{ij} 是由产品 i 在时期 j 提供的服务量，P_{ij} 是相应的服务价格。把式（5.2）代入式（5.1）得到：

$$W_j = P_{ij}Q_{ij} \times (1 + r_j - i_j) \qquad (5.3)$$

如果有一个合适的版权使用费价格指数，左边的物量估计可以得到。同样右边部分，支付版权使用费实际价值增长率 r_j 是容易计算的。实际利率 i_j 可令其等于基期值而简单获得。因此，如果有一个合适的版权使用费价格指数，使用式（5.1）就可以估计原价的物量价值。但是得出版权使用费的价格指数也面临着和原件价格变化一样的困难。

大多数版权使用费产生于复制品的销售，因此，可测度复制品（如 CD、DVD 或者书籍）的价格变化，或者复制品服务（如电影院或剧场）的价格变化。故假设复制品价格和版权使用费价格之间高度相关，那么复制品价格可作为版权使用费价格的替代指标，也就能得出原件的物量值。

---

① 注：原文缺失，译者根据理论和上下文内容增添。

如果确定版权使用费是复制品销售价格的固定比率，那么复制品价格和版权使用费价格之间就存在较强相关性。如果不是这样，如果版权使用费占复制品销售价格的大部分比例，那么就存在高度相关。

另外一个选择是以投入价格的变化测度原件产出价格的变化。

> 建议43：如果版权使用费是复制品销售价格的固定比率，或者版权使用费占销售价格的绝大部分比例，那么复制品价格指数可用于推导娱乐、文学和艺术原件的物量。除此之外，合适的加权投入价格指数也可以使用。

38. 资本测算

对于其他形式的IPPs，资本测度应该使用永续盘存法。欧盟工作组认为原件版权的法律寿命一般是作者的寿命加70年或50年的实施期。而且，他们认为原件的法律寿命要大大长于其经济寿命，基于已有国家的调查表明，对于一般原件，寿命要长5～10年。理想的服务寿命应该基于诸如版权使用费贴现值的经验数据进行估计。

欧盟工作组研究了适用于原件的折旧函数形式，认为该函数要能反映在原件生命内的前期快速折旧的特点。对某些原件，如录制的音乐，其价值在前两年就已经完全实现了。欧盟工作组指出，ESA95（第6.04段）描述的线性折旧是一般推荐方法，但是根据资产衰减的模式，几何折旧也是有可能的。

欧盟工作组成员并不觉得他们可以指定某个合适的折旧函数，但是提出了两种可能性。

①线性折旧与适当的温弗瑞（Winfrey）退出函数。

第5部分 娱乐、文学和艺术原件

②几何折旧与至少双倍余额递减。

而且,欧盟工作组做出以下建议:

•在生命期内,原件折旧的模式应该是前期折旧较快。服务期应该是5~10年。

鉴于此,以及建议15(几何模型有许多优点,除非有强烈的观点或实践要求,应该使用几何折旧模型),对于娱乐、文学和艺术原件,强烈建议使用几何模型。

附录 I 版权

版权的定义已经在不同的国家发展了几百年，但只有在20世纪才协商了国际性的版权公约。20世纪50年代和60年代在伯尔尼和罗马连续召开的一系列会议制定了版权的一般性定义和标准，这些定义和标准通常被植入国家立法体系。公约还建立了可引导版权相关费用的体系。大部分，但不是全部，欧盟国家已经签署了这些公约。

版权旨为作者他或她的"原创"的权利提供保护。这些作品必须是"原创的"（也就是说，它们不能仿效已有的作品），它们必须是"确定的"（足够超过一个时期的使用、理解、复制或者交流）。没有艺术价值或范例的也可申请版权保护。因此，如商业名录是可以获得版权保护的。

相当多的持续讨论源于"原件"的定义。即便是一本书包含了来自于其他地方的元素（如一本书可能包含已存在的照片），这本书也可能是原件，当然已有元素有其自己的版权保护，一个作品的版权只涉及新要素。有关一项作品是否与其他作品"本质上类似"的法律定义正在不断地被许多国家的法院案例重新定义。

现在，受版权保护的作品不用必须标记版权符号。版权是作品创造中自然产生的，尽果作者如果想开发其经济价值，通常需要注册一个版权。如果作品一直没有出版，注册可以在作品完成后几年内完成。作品的版权最初取决于作者，除非作者是某公司的雇佣人员（雇员或合同制人员），这种情况下公司拥有作品的初始版权。

版权可以被视为涵盖许多权利。合约中认可的权利包括：

①复制；

②修改；

③发布；

第 5 部分　娱乐、文学和艺术原件

④公开演出；

⑤公开展览。

在大多数国家，这些权利可以一起或分开"分配"（如买和卖）。每个权利可以由所有者授权给另一方。在某些情况下，即使作者的作品已经被使用，他们也不能执行版权——例如，有"最少"复制的情况或者不是出于商业目的的使用。在两个欧盟国家（德国和奥地利），版权必须和创作者的作品合在一起，不能出售，然而这并不妨碍作品的授权。

欧洲委员会在过去 10 年推进立法以提高欧盟内部版权的协调性。主要的两个法律议案如下。

1993 年 10 月 29 日的理事会指令 93/98/EEC 关于"协调版权保护术语"。该议案将文学和艺术工作的作者的权利期限，在作者的寿命上增加了 70 年。电影或视听作品的权利至少取决于主要指导者，也可能是其他合作者。表演者的权利会在表演日期后的 50 年到期。

2001 年 5 月 22 日的指令 2001/29/EC 关于"协调版权的某些方面和信息社会相关的权利"。此议案澄清了版权和相关问题，以便它可以始终应用于来自"信息社会"的创造活动的新范式。它定义了复制生产和分配权限，要求各国确保充分保护，反对非法复制。

关于计算机程序、通过卫星广播的电视节目和有线转播及数据库的版权保护也有独立的法律行为。

委员会最近提出了一个新的建议，以指导实施知识产权保护的程度和程序。该提议将协调保护体系和促进成员国的重新调整。然而，很明显，欧盟各国内并没有一个用于定义和保护版权的全面综合的系统。欧洲委员会实际上被条约所阻碍，不能干涉各成员国内部的财产权制度，在改善国内市场的保护下，已有的法律要素将继续存在。

参考文献

[1] ABS 2004; "Capitalising Research and Development in the National Accounts"; Canberra Ⅱ issues paper, Washington D.C.

[2] ABS (2006); "ICT Satellite Account, ASNA Experimental Estimates"; ABS Cat. No. 5259.0.

[3] Ahmad, Nadim (2004a); "The Treatment of Originals and Copies in the National Accounts"; Canberra Ⅱ issues paper; SNA/M2.04/06 UNSD website.

[4] Ahmad, Nadim (2005); "Follow-up to the Measurement of Databases in the National Accounts"; Canberra Ⅱ issues paper; SNA/M1.06/19.1 UNSD website.

[5] Ahmad, Nadim (2004b); "The Measurement of Databases in the National Accounts"; Canberra Ⅱ issues paper; SNA/M2.04/04 UNSD website.

[6] Aspden, Charles (2008); "Proposals for the Classification of Intellectual Property Products in MSITS and EBOPS"; First Meeting of the Working Party on International Trade in Goods and Trade in Services Statistics, OECD, Paris.

[7] Boehm, Barry; "Software Engineering Economics"; (Englewood, NJ: Prentice-Hall, 1981): 533-35, 548-50 Carnegie Mellon Software Engineering Institute. http://www.sei.cmu.edu/str/descriptions/fpa_body.html.

[8] Copeland, Adam. M, Gabriel W. Medeiros, and Carol A. Robbins (2007); "Estimating Prices for R&D Investment in the 2007 R&D Satellite Account"; Bureau of Economic Analysis/National Science Foundation 2007 R&D Satellite Account Background Paper.

[9] Colecchia, Alessandra and Paul Schreyer (2001); "ICT Contribution to Output Growth: Results from a Study and Some Statistical Issues"; OECD Working Party on National Accounts, 2001 STD/NA (2001) 12.

[10] Connolly, Michael. 2008; "Merchanting"; Joint UNECE/Eurostat/OECD Meeting on National Accounts, Ninth Meeting, Geneva, 21-24 April 2008, Item 9. Note by Central Statistics Office, Ireland.

[11] EU (2003); "Report of the Task Force on Entertainment, Literary and Artistic Originals"; 1st Meeting of the GNI Committee 5-6 November 2003, Luxembourg.

[12] Galinda-Reuda, Fernando 2007; "Developing an R&D Satellite Account for the UK: a preliminary Analysis"; Economic &Labour Market Review, Volume 1, No. 12.

[13] Goto and Suzuki, 1989; "R&D Capital, Rate of Return on R&D Investment and Spillover of R&D in Japanese Manufacturing Industries"; Review of Economics & Statistics, MIT Press.

[14] Gysting, Christian (2006); "A Satellite Account for Research and Development, 1990-2003", Statistics Denmark, TemaPubl 2006:2.

[15] Harhoff, D. & Moch, D. 1997; "Price Indices for PC Database Software and the Value of Code Compatibility"; in: Research Policy, Vol. 26, 4-5, pp. 509-20.

[16] Hines, James R. 1996; "Tax policy and the activities of multinational corporations"; NBER Working Paper 5589, Cambridge, Massachusetts.

[17] Hollanders, H and Meijers, H; "Quality-adjusted Prices and Software Investments: The Use of Hedonic Price Indices"; MERIT/Infonomics mimeo, June 2001.

[18] IMF 1995; "Balance of Payments Compilation Guide"; Washington, D.C.

[19] IMF/OECD 2000; "Report on the Survey of Implementation of Methodological Standards for Direct Investment"; International Monetary Fund Statistics Department and OECD Directorate for Financial, Fiscal and Enterprise Affairs (IMF/OECD). Washington, D.C./Paris.

参考文献

[20] Landefeld, Steve, Brent R. Moulton, and Obie Whichard, 2008; "The Impact of MNE Companies on Balance of Payments and National Accounts"; Joint UNECE/Eurostat/OECD Meeting on National Accounts, Ninth Meeting, Geneva, 21-24 April 2008, Item 9. Note by Central Statistics Office, Ireland.

[21] Lipsey, Robert 2008; "Measuring International Trade in Services"; NBER.

[22] Mandler, Pablo, and Soli Peleg. 2004; "Proposal for A Simplified Bridge Table between FM to SNA"; OECD's Canberra II Group.

[23] Moris, Francisco. 2008; "International R&D Trade Data and Capitalization: Identifying Sources and Gaps, Benchmarking, and Data Development"; Paper Prepared for OECD Task Force on R&D and other IPP, Paris/Washington DC, July.

[24] OECD 2001; "Transfer Pricing Guidelines for Multinational Enterprises and Tax Administrations"; Paris.

[25] OECD 2002; "Report of the OECD Task Force on Software Measurement in the National Accounts"; OECD Working Party on National Accounts, 2001 STD/NA (2002) 2, Paris.

[26] OECD 2002; "Frascati Manual: Proposed Standard Practice for Surveys on Research and Experimental Development"; OECD Working Party of National Experts on Science and Technology Indicators, Paris.

[27] OECD 2004; "Report of 2004 OECD Software Survey"; OECD Working Party on National Accounts, 2004, STD/NAES (2004) 22, Paris.

[28] OECD 2006; "Methodological Soundness Questionnaire-Report on Responses to Eurostat-OECD Questionnaire on the Measurement of Trade in Services in the Balance of Payments", Paris.

[29] OECD 2007; "Trade Involving Multinational Corporations: Conceptual Measurement Issues"; Directorate For Science, Technology, and Industry, Committee on Industry, Innovation, and Entrepreneurship, Working Party on Statistics, Special Session on

Globalisation, Paris.

[30] Oliner, S. D. and Sichel, D. E. 1994; "Computers and Output Growth Revisited: How Big is the Puzzle?"Brookings Papers on Economic Activity 2, 273-330.

[31] ONS 2006; "Survey-based measures of software investment in the UK"; Economic Trends, February 2006.

[32] Peleg, Soli. 2008. "Measurement of Intellectual Property Products in the Framework of MNC's". Background Paper Prepared for OECD Task Force on R&D and other IPP, Geneva Conference. April.

[33] Robbins, Carol A. 2006; "Linking Frascati-based R&D Spending to the System of National Accounts"; US Bureau of Economic Analysis.

[34] Schellings, Robert. 2004. *International Aspects of R&D: Canadian Experience*, Working Party of National Experts on Science and Technology Indicators, OECD, Paris, June 2004 DSTI/EAS/STP/NESTI/RD（2004）12（Statistics Canada）.

[35] Statistics Canada 2008; "The Canadian Research and Development Satellite Account, 1997 to 2004"; Research Paper, Ottawa, Canada.

[36] Takeda, Hidetoshi. 2006. *Merchanting*. SNA Update Issue 41（SNA/M1.06/19）, IMF Statistics Department; Paper for the Fourth meeting of the Advisory Expert Group on National Accounts, Frankfurt.

[37] Tanriseven, Murat, Myriam van Roojen-Horsten, Mark de Haan and Dirk van den Bergen 2008; "R&D Satellite Accounts in the Netherlands: A Progress Report II"; Statistics Netherlands.

[38] Yorgason, Daniel R. 2007. *Treatment of International Research and Development as Investment, Issues and Estimates*, BEA/NSF R&D Satellite Account Background Paper, Washington, DC: Bureau ofEconomic Analysis.

后 记

长期以来核算经济总量的国民经济核算体系一直将研发视为中间消耗，直到联合国等5个国际组织于2009年发布2008版SNA，才正式建议应该将研发视为投资活动，连同软件和数据库，矿藏勘探与评估，娱乐、艺术和文学原件一起记录为资本形成。由于这些产品的价值反映了嵌入其中知识产权的价值，因此，2008版SNA将他们命名为知识产权产品，替代原来的"无形资产"。但这些知识产权产品的价值是无法直接测度的，从软件测度的实践经验来看，各国的概念、口径和估计方法差异较大，导致各国估计的结果也不具备国际可比性。因此，在修订1993版SNA时，经合组织就成立了非金融资产测度工作组，也就是堪培拉Ⅱ组，专门研究相关问题，最终形成了本手册。因此，本手册从某种意义上可以看作2008版SNA关于知识产权产品的调查与核算实施细则。

我国正在大力提倡创新型国家建设，但是现行的国民经济核算框架建立于2002年，一直以来将研发视为中间消耗，虽然国家统计局于2016年7月公布了1952年以来将R&D视为资本后的GDP调整数据，但尚未调整细节及行业、区域层面的数据。为了跟进国际实践经验，反映和传播先进研究成果，在经合组织授权下，我们组织力量翻译了知识产权产品资本测度手册。

本手册的翻译是在科学技术部国家科技统计专项工作经费、国家社科基金一般项目（No.15BTJ004）、国家社科基金重大招标项目（No.16DA053）和浙江省一流学科 A 类（浙江工商大学统计学）资助下完成的。鉴于译者水平所限，翻译过程中难免有误，敬请读者批评指正。

译 者

2016 年 12 月 12 日